갈등관리 이론과 실제

김미라 · 박성우 · 민준기 · 최희순 · 손혜신

KNOWLEDGE COMMUNITY 공동체

머리말

요즘에는 누구나 갈등과 소통을 이야기한다. 그만큼 우리 사회가 갈등이 많고 소통이 안 되고 있다는 반증이기도 하다. 사실 우리는 눈을 뜨면서부터 갈등상황에 마주친다. 지금 일어날까 조금만 더 잘까, 지하철로 출근할까 차를 운전해서 갈까, 오늘 날씨가 더운데 아이스커피를 마실까 따뜻한 커피를 마실까 등 수많은 갈등 속에서 살아간다. 이같이 자신과의 갈등도 있지만 타인과의 갈등, 직장에서의 갈등, 집단과 집단 사이의 갈등, 종교적인 갈등, 지역 간의 갈등, 국가 간의 갈등 등 수많은 갈등을 껴안고 살아간다. 사실 삶 자체가 크고 작은 갈등의 연속이기 때문에 좋든 싫든 우리는 직장과 가정에서 누군가와의 갈등을 관리하고 조정하고 협상을 해야 한다. 하지만 현실을 둘러보면 갈등에 대한 협상은 고사하고 대화 자체를 거부한 채 적의를 가지고 달려들어 상대의 약점을 찌르려는 사람들이 종종 있다. 그러므로 이러한 갈등을 어떻게 하면 슬기롭게 해결하느냐가 우리 인생에서 아주 중요한 문제가 될 수 있다.

이제 수많은 갈등을 끌어안고 살아가는 시대는 갔다. 지금은 갈등을 관리하는 시대다. 갈등을 제대로 관리할 수 있느냐 없느냐가 삶의 성패를 좌우한다. 그러므로 갈등을 제대로 관리할 수 있다면 당신의 삶은 더욱더 성공적이고 행복해질 수 있을 것이다. 문제는 어떻게 하면 갈등을 제대로 관리해 나갈 수 있는 능력을 기르냐는 것인데, 이 책 안에 갈등관리에 대한 모든 것이 수록되어 있다.

이 책은 갈등관리라는 무거운 주제를 다룬다. 하지만 우리 생활에 일상화된 갈등을 어떻게 관리할 것인가에 대한 실질적인 해법을 제시하는 데 초점을 맞추고 있다. 즉, 갈등관리에 대한 기초적인 이론뿐만 아니라 협상과 조정, 그리고 커뮤니케이션 기술 등 갈등관리를 위한 실질적인 기법들을 함께 다룬다.

간단히 정리하면 1부는 갈등관리에 대한 전반적인 내용을 다루었고, 2부에서는 대안적 갈등해결(ADR), 협상, 조정 및 중재, 그리고 3부에서는 갈등관리를 실천하기 위한 기본적인 커뮤니케이션 기술, 즉 효과적인 의사소통과 설득의 기술에 대해 집중적으로 다루었다. 한마디로 이 책에는 갈등관리에 대한 기본적인 이해부터 조정, 협상에 이르는 방법과 커뮤니케이션에 대한 여러 가지 기술 등 일상적인 갈등을 관리하기 위해 꼭 필요한 내용들이 수록되어 있다.

그러므로 이 책은 대학이나 전문기관에서 갈등관리를 공부하여 갈등관리상담사 자격증을 취득하려는 사람이나, 갈등관리를 체계적으로 공부하여 갈등전문가가 되려고 하는 사람들에게 좋은 지침서가 될 것이다.

이 책에서 제시하고 있는 실용적인 원칙과 조언을 충실히 실행에 옮긴다면 자신만의 갈등관리 스킬을 증진시킬 수 있을 뿐만 아니라, 갈등관리나 협상, 조정의 전문가 수준까지 오를 수 있게 될 것이다. 또한 갈등상황을 적절히 관리하지 못해 늘 후회하고 있었던 사람이라면, 자신이 훌륭한 갈등관리자나 협상전문가로 변모하였음을 발견할 수 있을 것이다. 당신의 직업이 무엇이든, 연령대가 어떠하든 당신이 훌륭한 갈등관리자가 된다면 더욱 더 많은 것을 성취할 수 있을 것이다. 이 기술들을 익혀 갈등을 효과적으로 관리, 조정, 협상하거나, 사람들과 관계를 맺고 또 그들을 설득할 때 유용하게 활용하길 바란다. 그러면 당신은 갈등관리 또는 협상의 달인이 될 것이다.

책이 나오기까지 함께 고민하고 토론하며 글을 써준 전문가분들께 감사드린다. 아무쪼록 이 책을 통해 더 많은 사람들이 더불어 살아가는 삶의 가치를 재인식하고, 자신을 한 차원 높게 성장시켰으면 하는 바람이다.

2020년 3월

한국갈등관리연구소 대표 김미라

차 례

차 례

PART 01

갈등관리의 이해

제1장 갈등의 이해
제2장 갈등의 유형 및 특성
제3장 갈등관리

CHAPTER 01

갈등의 이해

1. 갈등의 개념

1) 갈등이란?

우리는 일상생활에서 갈등(conflict)이라는 용어를 자주 사용한다. 아침에 잠자리에서 일어나면서 조금 더 자고 싶은 욕구와 갈등을 겪고, 점심때는 식당에서 어떤 메뉴를 선택할지 갈등하고, 잠자리에 들면서 TV를 조금 더 보다 잘까 갈등하기도 한다. 또한 조직이나 국가에서도 어떤 정책을 선택하거나 추진하는 과정에서 갈등을 피할 수는 없다. 우리는 일상생활을 하면서 좋든 싫든, 자신이 원하든 원하지 않든 갈등이 불가피해질 정도로 이제는 갈등이 일상화되고 보편화되었다.

그런데 사람들은 갈등이라는 단어를 들으면 먼저 부정적 이미지를 떠올리는 경우가 많다. 대립과 불신 또는 적대, 그리고 단절, 투쟁, 충돌과 같은 단어들을 연상한다. 그렇다면 우리는 갈등을 부정적 이미지만 가지고 있는 회피의 대상으로 여겨야 하나? 아니면 갈등에도 긍정적인 측면이 있다고 인정해야 하는가? 이처럼 "갈등을 어떻게 볼 것인가"에 따라 갈등을 대하거나 해결하는 방식에도 차이가 난다.

갈등(葛藤)은 한자로 칡 갈(葛)자와 등나무 등(藤)자로 구성되어 있다. 즉, 칡과 등나무가 서로 얽히고설켜 있듯이 사정 등이 아주 복잡하게 엉켜 풀기 어려운 상태를 말한다. 또한 갈등을 서로 상반되는 견해, 이해 등의 차이로 인해 생기는 대립이나 정신적인 세계 내부에서 각기 다른 방향성을 지닌 힘들이 충돌하는 상태라고 규정하기도 한다.

이처럼 갈등은 속성 자체가 다원적이고 동태적인데다 유형도 매우 다양하기 때문에 한마디로 간단명료하게 정의를 내리는 것은 쉽지 않다. 갈등이란 용어는 정치학, 경제학, 사회학, 심리학 등 학문 분야에 따라, 또는 학자들의 연구 목적에 따라 그 의미를 달리 해석하여 적용하고 있기 때문이다.

갈등을 개인의 내면적 심리상태를 강조하여 상호 불일치하거나 대립되는 가치나 바람, 욕구에 대한 싸움으로 보는 학자(Boulding, 1963)가 있는가 하면, 행위적 상태를 강조하여 같은 목표를 추구하는 상호의존적인 두 사람 간의 표현된 투쟁으로 보는 학자(Frost & Wilmot, 1978)도 있다. 또 갈등을 희소한 자원으로 인해 양립할 수 없는 목표를 추구함으로써 발생하는 투쟁상태로 보고 갈등이 자원의 제약에서 발생한다는 점을 강조하기도 한다(Kovac, 2000). 또 어떤 경우에는 개인이나 집단 사이에 목표나 이해관계가 달라 생기는 의견충돌이나 불화, 사회적 적대관계를 갈등으로 봄으로써 자원의 희소성은 생략한 채 행위적 측면을 강조하기도 한다(Rahim, 2000). 따라서 외부적 갈등의 경우 목표가 같든 다르든, 자원이 희소하든 아니하든, 분명한 것은 두 당사자 사이에 원하는 바가 서로 달라 투쟁상태에 있는 것이 바로 갈등이라고 볼 수 있다(원창희, 2012).

〈표 1-1〉 갈등에 대한 학자들의 개념 정의

학 자	갈등에 대한 개념 정의
L. A. Coser(1956)	양립 불가능한 싸움들
J. G. March & H. A. Simon(1958)	의사결정의 표준 메커니즘(standard mechanism) 장애로 인하여 개인이나 집단이 대안을 선택하는 데 곤란을 겪게 되는 상황
R. Dahrendorf(1959)	사회세력들 간의 표면상의 충돌뿐만 아니라 싸움 · 경쟁 · 논쟁 · 긴장 등을 모두 포함하는 개념
K. E. Boulding(1963)	가치나 부족한 직위, 권력, 재원의 욕구에 대한 싸움
L. R. Pondy(1967)	장애상태에서 서서히 단계적으로 확대되어 가는 과정

J. H. Frost & W. W. Wilmot(1978)	같은 목표를 추구하는 상호의존적 두 당사자 사이의 표현된 투쟁
R. A. Baron(1990)	개인 간 또는 그룹들이 zero-sum 상황에서 관심, 이익, 신념, 이해 등이 서로 대립되는 상태들에 대해 충돌을 인식하여, 상호작용의 과정에서 좌절시키거나 시켰을 경우에 발생하는 과정이며, 또는 둘 이상의 행동주체가 다른 목표를 좌절하도록 유발하는 과정
K. Kovac(2000)	당사자가 희소한 자원으로 양립할 수 없는 목표를 추구함으로써 발생하는 투쟁상태
M. A. Rahim(2002)	양립불가능성, 의견충돌, 불화, 사회적 적대관계 등으로 상호작용할 때 나타나는 과정
M. J. Hatch & A. L. Cunliffe(2006)	둘 이상의 혹은 조직의 집단 사이에서 결과나 노력 등을 방해하거나 그것을 좌절시키려는 행동을 인식하여 발생하는 싸움

출처 : 원창희(2012), 임동진(2010)에서 발췌 및 재정리.

이처럼 우리가 흔히 일상생활에서 사용하는 갈등은 인간이 내면적으로 고민하는 것이나 스트레스와 같이 주로 심리적인 측면이 강하지만 실제 갈등은 이보다 훨씬 더 넓은 의미를 갖고 있다. 갈등은 '의존관계에 있는 복수의 사람 또는 집단이 서로의 이해, 가치, 목표, 감정 등으로 대립하고 충돌하여 상대에게 부정적인 영향을 주고 있는 상태'를 의미한다(박태순, 2010). 따라서 갈등이 발생하려면 일정한 관계가 형성되어 있는 상대가 있어야 하고, 대립하고 충돌하는 쟁점(issues)도 있어야 한다. 갈등은 물질적인 이해관계의 차이에서 발생할 수도 있고 생각이나 목표 또는 정서적인 차이에서도 발생할 수 있다. 이로 인해 대립과 충돌이 생기게 되면 갈등 당사자들은 불안, 두려움, 분노, 수치심 등을 느끼게 되어 자신의 의도와 관계없이 상대에게 부정적 영향을 끼치고, 자신도 그 영향을 받게 된다.

2) 갈등에 대한 동·서양의 관점

갈등을 어떻게 볼 것인가에 대해서는 동·서양 간에 약간의 차이가 있다. 내면적 성찰 등 내적 수양을 중시해 온 동양에서는 갈등상황에서 발생하는 내면의 감정변화에 주목하는 반면, 외면적인 관계를 중시해 온 서양에서는 주로 상대와의 화해와 같은 관계 회복을 강조하고 있다. 김두열(2014)은 갈등을 바라보는 동·서양의 관점에 대해 다음과 같이 정리하고 있다.

(1) 서양 관점에서의 갈등

갈등을 나타내는 영어 conflict는 라틴어 confligere에서 유래되었다. 접두어 'con-'은 '함께(together)'라는 뜻이고, 어근인 'flict'는 '때리다(to strike)'라는 뜻으로 서로 때리거나 부딪히는 상황을 일컫는 말이다. 그런 의미에서 conflict는 갈등상황이 밖으로 드러난 상태이지만 싸움이나 전쟁과 같은 물리적 충돌이라기보다는 개인이나 집단 간의 대립이나 충돌을 의미한다. 양립할 수 없는 것이 부딪히면 어느 하나가 끝장을 볼 수밖에 없기 때문에 갈등을 'Win-Lose 게임'이라고 보고 있다.

① 서양에서의 갈등 인식

동양의 정의는 '약자 보호'인 반면, 서양의 정의는 '강자의 논리', 즉 이긴 사람이 정당하다는 논리가 지배해 왔다. 더 강한 자가 이기고, 이긴 자는 모든 것을 갖는다. 역사상 가장 오래된 갈등의 법칙은 '승자독식 패자배상'이라는 전쟁의 법칙이다. 즉, 이긴 자는 모든 것을 가지고 패배한 자는 가진 것을 잃는 것은 물론 미래의 이익까지도 제공해야 한다.

하지만 갈등에는 반드시 승자와 패자가 있는 것은 아니다. 둘 다 파멸하는 경우도 있다. 이를 'Lose-Lose 게임'이라고 한다. 세력이 서로 대등한 국가끼리 오랫동안 전쟁을 하다 두 나라 모두 망하는 경우를 말한다. 이러한 파국적 결과를 피하기 위해 서로 세력이 대등할 때는 가급적 전쟁은 피하고 조정이라는 외교적 해결을 택하게 된다. 이러한 해결이 'Win-Win 게임'이다. 결국 국가나 개인이 평화를 이루려면 일정한 힘이 필요하고, 그 힘은 상대방이 나와의 협상을 원하게 만드는 원천이 된다.

② 서양에서의 갈등 사후 처리방법

서양에서는 한 번 발생했던 갈등이 다시 발생하면 선례에 따라 처리한다. 따라서 유사한 갈등이 반복되지 않는 경향이 있다. 사회적으로 물의를 빚는 중대한 사고가 발생하면 관계자를 가혹하게 처벌함으로써 다시는 그런 사태가 발생하지 않도록 한다.

(2) 동양 관점에서의 갈등

앞에서 살펴본 갈등의 어원에서도 동양과 서양에서 갈등을 바라보는 관점의 차이를 발견할 수 있다. 서양에서 갈등(conflict)은 서로 때리고 부딪힌다는 라틴어(confligere)에서 유래하였다. 즉, 서양에서는 갈등을 서로 충돌하는 현상으로 이해하였다. 반면 동양에서의 갈등(葛藤)은 칡(葛)과 등나무(藤)에서 유래하였다. 갈등을 칡과 등나무가 서로 복잡하게 얽히고설켜 풀기 어려운 상태로 이해하였다. 이처럼 서로 얽히고설켜 대립하고 충돌하고 있다면 누군가가 나서서 복잡하게 얽힌 것들을 풀어야 한다.

이처럼 서양에서는 끝장을 봐서라도 서로 충돌하고 있는 상황을 해결해야 한다고 본 반면, 동양의 경우 매듭을 풀고 공존하는 방법을 찾아야 한다고 인식하고 있는 점에서 갈등을 보는 관점에 차이가 있다.

① 동양에서의 갈등 인식

동양에서는 갈등이 표출되면 감정대립이 증폭되므로 빨리 해결하는 것이 바람직하다고 보고 있다. 갈등은 없는 것이 가장 좋지만, 일단 갈등이 표출되면 시끄럽고 귀찮아진다고 인식하기 때문이다. 따라서 갈등을 근본적으로 해결하려 하기보다는 미봉책을 써서라도 최대한 빠른 시간 내에 사람들의 관심에서 멀어지도록 하려고 한다. 그래서 동양에서의 갈등은 시간이 지난 후 재발할 가능성이 높다.

② 동양에서의 갈등 사후 처리방법

갈등을 해결하기 위한 방법으로 서양이 재판에 의존한다면 동양은 중재를 추구한다고 볼 수 있다. 물론 중재자는 힘과 덕망을 갖추고 있어 양측 모두에게 영향력을 행사할 수 있는 사람이어야 한다. 만약 중재자가 개입했는 데도 갈등이 해결되지 않는다면 중재자가 손상된 체면을 만회하기 위해 직접 대리전에 나서는 등 또 다른 형태의 갈등으로 진행될 수도 있다.

(3) 동·서양 갈등의 해결방식 비교

갈등의 해결방식으로 동·서양의 어느 방식이 일방적으로 좋다고는 할 수 없다. 하지만 서양에서는 일단 갈등이 발생하면 선례가 있으면 그에 준하여 해결하고, 선례가 없으면 창조적인 방법으로 해결책을 찾는다. 선례가 있으면 갈등의 결과가 어떻게 될 것인지에 대해 쌍방이 다 명확하게 알게되어 같은 갈등이 반복되는 것을 상당 부분 막을 수 있다.

반면 동양에서는 유력자의 중재에 의해 갈등이 잠시 해결되지만 상황이 바뀌면 해결된 것으로 보이던 갈등이 잠복되었다가 다시 등장하게 되어 같은 갈등이 되풀이된다. 결국 '상황만 바뀌면 판을 뒤집을 수 있다'는 생각에서 갈등은 시간이 해결해 준다고 인식하게 된다. 그러다 보니 갈등이 발생하면 우선 덮어버리려 한다. 각종 재난과 사고가 발생하면 그 근저에 있는 사회 부조리를 추적하여 뿌리 뽑기보다는 사람들의 관심을 다른 데로 돌리거나 잊혀지기를 기다린다.

또한 갈등을 해결하는 과정에서 서양에서는 각자의 이익을 지키기 위하여 절대적 가치를 신봉하고 권위를 인정한다면, 동양에서는 상대적 가치를 상황에 따라 적용하여 해석하는 명분론에 치중하는 경향이 있다.

결론적으로 갈등을 보는 동·서양의 관점에는 미묘한 차이가 있으며, 이 차이에 따라 갈등에 대한 대응에도 차이가 생기는 것을 알 수 있다. 서양문화권에서는 밖으로 드러난 갈등을 합리적으로 풀어 나가는 단계적인 갈등해결

과정이 발달하였다. 반면, 동양문화권에서는 내적 갈등을 해소하는 것이 외적 갈등을 푸는 첫 번째 단계라는 인식하에 개인의 심성을 기르고 덕을 키우는 접근법을 강조한다. 이처럼 '갈등을 어떻게 해결할 것인가'에 대한 양 문화권의 대응 방식은 오랜 시간을 두고 발달되어 왔다. 따라서 이 두 문화권의 갈등에 대한 이해와 대응 방식 중 어느 것이 더 효과적이고 우월한 방식인가를 논하기보다는 서로를 보완할 수 있는 장점을 찾아 적절한 균형 또는 통합적 방식으로 접근하는 것이 필요하다.

2. 갈등의 발생원인

우리는 개인 생활이나 조직 속에서 수많은 갈등을 겪으면서 살아간다. 갈등 없는 사회를 유토피아(utopia)라고 하듯이 갈등 없는 사람, 갈등 없는 조직은 존재하지 않는다. 이처럼 갈등이 보편화되고 일상화되다 보니 갈등이 발생하는 원인과 유형도 다양할 수밖에 없다. 갈등은 특정한 한 가지 요인에 의해 발생하기보다는 여러 요인들이 복합적으로 작용해서 발생하는 경우가 많다. 따라서 갈등의 발생 원인을 단순 명료하게 규정하기는 매우 어렵고 학자들의 견해도 다양하다.

그러나 상당수의 학자들은 갈등의 발생 원인을 개인의 행태적 특성은 물론 조직구조상의 문제와도 관련이 있는 것으로 설명하고 있다. 즉, 갈등이 발생하는 원인을 한 개인이 다른 사람과의 관계에서 지각하게 되는 성향, 선호, 가치, 특성 등에서의 차이와 같은 개인의 내적인 요인과 한정된 자원, 상호의 존성과 같은 조직적인 요인 등 상황에 따라 다양하게 존재할 수 있다고 보고 있다(Fink, 1968).

토마스(Thomas, K. W. 1976)는 갈등의 원인을 오해, 곧 커뮤니케이션의 실패와 퍼스낼리티 간의 충돌, 가치와 목표의 차이, 책임문제, 협동의 부족, 권위문제, 좌절감과 신경과민, 제한된 자원 규칙 및 정책에의 불복종 등으로 보았다.

또한 왈턴 등(Walton & Dutton, 1969)은 갈등의 원인을 개인적 차원의 원인과 기술구조 차원의 원인으로 구분하고, 기술구조상의 갈등원인으로 상호의존성, 권위의 불균형, 보상, 모호성, 자원의 공유 등을 들었고, 개인적 갈등의 원인으로 커뮤니케이션의 장애, 가치와 지각의 차이 등을 들고 있다(김미라, 2007).

지금까지 살펴본 바와 같이 갈등의 발생원인은 학자들에 따라 견해가 조금씩 다르지만, 이를 좀 더 풀어 정리하면 갈등의 발생원인은 여섯 가지로 나눌 수 있다. 이들 여섯 가지 원인들이 독립적으로 작용하여 갈등을 일으키기도 하지만 대부분의 갈등은 몇 가지 원인이 복합적으로 작용하여 발생한다. 그러므로 그중에서 가장 본질적인 원인이 무엇인지를 찾아내야 갈등을 슬기롭게 해결할 수 있다.

1) 사실관계 갈등(Fact Relevance Conflict)

특정한 사건이나 언행, 자료에 대해 서로 이해의 차이가 발생하여 사실관계에 대해 각자 다른 입장을 주장할 때 발생하게 되는 갈등이다.

2) 이해관계 갈등(Interest Conflict)

자원이나 자리는 한정되어 있는 데 반해 원하는 사람이나 집단이 많을 때 생겨나는 갈등으로 금전적 이익이나 손실에 민감하게 반응한다. 또한 직접적 또는 잠재적 이익이나 자원을 분배하는 과정에서 발생하는 불만이나 부정의에 영향을 크게 받기도 한다.

3) 구조적 갈등(Structural Conflict)

사회의 구조적 문제와 한계 때문에 발생하는 갈등이다. 적합하지 않은 제도, 규제, 풍습, 관습, 힘의 불균형 등에 의해 개인이나 집단이 지속적으로 물질적·정신적 피해를 입는 상황을 의미한다. 예를 들어, 장애인 이동권 보장 문제, 양성평등의 문제 등은 제도의 정비, 문화적 변화가 뒤따르지 않는 한 지속적으로 발생할 수밖에 없다.

4) 관계상 갈등(Relationship Conflict)

오해, 불신, 편견 등에 의해 관계를 형성하고 유지하는 데 어려움을 겪는 갈등상황을 말한다. 어떤 특정한 원인에 의해 발생한 갈등이 의사소통의 부재나 왜곡으로 인해 관계상의 갈등으로 전이되는 경우가 대부분이다. 따라서 이슈가 해결되어도 갈등이 지속되는 경우가 많다.

5) 가치 갈등(Value Conflict)

환경이나 문화적 성장배경이 다른 개인이나 집단 간에 신념이나 종교, 문화, 정치관 등 가치관의 차이에서 오는 갈등을 말한다. 주로 한 가지 가치를 강요하거나 포기할 수 없을 때 생기며, 일단 발생이 되면 해결하기 매우 어려운 갈등이기도 하다. 대표적인 예로는 보수와 진보세력 간의 끊임없는 이념 갈등과 이슬람 문화권과 서구 기독교 문화권 간에 뿌리 깊은 종교 갈등을 들 수 있다.

6) 정체성 갈등(Identity Conflict)

개인이나 집단이 갖는 정체성이 정치적·사회적으로 왜곡 또는 훼손될 때 나타나는 갈등이다. 인종 갈등이나 역사 갈등의 경우처럼 자신이 속한 집단이 부당한 대우를 받거나 부정의의 피해자라는 인식이 확산되면서 구성원들이 직접적인 개인 문제로 인식하게 된다.

3. 갈등의 순기능과 역기능

갈등이 일어나는 원인과 양상, 그리고 차원은 매우 다양하다. 갈등의 기능도 다양하여 단순히 긍정적 기능과 부정적 기능으로 나눌 수는 없다. 갈등은 분리와 해체, 통합과 단절 등 서로 이질적인 기능요소들이 상호작용하고 동시에 다른 차원의 요소들과 상호작용한 결과물이기 때문이다(이성록, 2007). 따라서 갈등에는 순기능적 측면과 역기능적 측면이 동시에 내포되어 있어 갈등을 긍정적으로 보느냐, 아니면 부정적으로 보느냐는 입장에 따라 갈등의 순기능을 강조하거나 역기능을 강조하고 있다고 볼 수 있다. 이러한 갈등의 순기능과 역기능에 대해 이성록(2007)은 다음과 같이 설명하고 있다.

1) 갈등의 순기능

갈등은 상대방과의 인간관계를 더 돈독하게 하거나 갈등관계의 당사자들이 자신과 상대방의 능력이나 잠재력에 대한 확신을 가지는 계기가 되기도 한다. 이러한 차원에서 갈등은 개인이 심리적으로나 또는 인격적으로 한층 성숙해지는 계기를 마련해 줄 수 있다.

(1) 통합성(Integrity)

갈등은 통합의 기회다. 갈등은 인간관계에 있어서 중요한 상호작용으로 갈등관계에 있는 쌍방이 서로 자기주장을 공유할 수 있는 기본적 기회를 제공해 준다. 따라서 갈등이 합리적으로 해결되면 개인의 발전과 집단의 재통합 계기가 될 수 있다. 동시에 외부집단과의 갈등은 집단의 내적 응집력을 강화하도록 작용하여 집단의 내적 통합을 기할 수 있다.

(2) 안정성(Stability)

집단 간 갈등은 구성원들에게 외부 집단에 대한 경계선을 분명히 인식할 수 있도록 해준다. 즉, '우리'와 '저들'의 경계를 확인함으로써 '우리'들의 관계를 새롭게 정비하게 되는데, 대체로 관계의 수준을 강화하게 된다. 외부 집단에 대한 증가된 적대감이 집단 내에서 자신의 지위와 역할에 보다 집중하도록 한다.

지도자들은 구성원들에게 상황의 의미를 상기시키면서 권위를 집중시켜 집단의 내적 안정성을 조장한다. 동시에 갈등관리에 대한 경험도 축적하여 집단의 안정성을 도모할 수 있다.

(3) 생산성(Productivity)

갈등은 침체된 조직을 더욱 생동하게 하는 계기를 제공해 준다. 갈등은 집단의 응집력을 높이고 희미해진 전통과 규범을 소생시킨다. 예를 들어, 성과를 높이기 위해 타 부서와의 경쟁을 조장하는 경우 경쟁과정에서 부서의 응집력이 높아질 뿐만 아니라, 동료 간의 관계를 정비하거나 과업 분위기를 쇄신하는 효과를 얻을 수 있다. 즉, 갈등은 구성원들의 심기일전을 촉진시키며 집단의 응집력을 활성화시켜 생산성을 높이는 데 기여하기도 한다.

(4) 균형성(Balance)

갈등은 조직이나 개인의 문제점을 재조명하고 관계자들이 관심을 갖는 계기가 되어 변화를 초래할 수 있도록 해준다. 직장 내에서 부서 간의 사소한 갈등이 생기면서 노출되지 않았던 전체 조직상의 문제가 드러날 수 있다. 즉, 갈등은 새로운 정보나 숨겨진 사실들을 알 수 있는 기회를 제공해 준다. 갈등과정에서 그동안 간과해 왔던 중요한 정보가 부각될 수 있으며, 정보 소통의 장애를 발견할 수 있게 됨으로써 정보의 흐름을 재조정하여 조직의 균형을 바로 잡을 수 있는 기회가 되기도 한다. 특히 소규모 갈등은 왜곡된 의사소통 구조를 바로 잡아 대규모 갈등을 예방할 수 있는 기회가 되기도 한다. 갈등은 조직 어디에 문제가 있는지에 대한 유용한 정보를 제공해 준다.

(5) 창의성(Creativity)

갈등상황은 많은 정보가 소통되는 과정이다. 따라서 갈등은 잠재적인 경쟁상대인 개인이나 집단의 장점을 벤치마킹할 수 있는 훌륭한 기회가 된다. 동시에 갈등은 내적 역량을 강화하도록 촉진함으로써 자신이나 집단 내 감추어져 있던 잠재력을 끄집어 낼 수 있는 중요한 기회를 제공한다.

2) 갈등의 역기능

(1) 불일치성(Discrepancy)

갈등은 균형과 통합을 파괴할 수도 있다. 갈등 관계에 있는 다른 사람이나 집단을 적대시하고 그들이 추구하는 목표의 지향성을 방해함으로써 조직의 통합성과 사회적 기능을 파괴하고 불균형 상태를 야기한다. 또한 갈등이 진행되는 동안은 성과나 목표 달성에 매진할 수 없게 되어 개인이나 조직에 부정적 결과를 가져다준다.

(2) 불안정성(Instability)

갈등은 문제의 원인을 다른 사람에게 귀속시키려는 이기적인 귀인편향(歸因偏向)에 따라 문제의 본질을 왜곡하고 오류를 야기할 가능성이 높다. 예컨대 '자신은 협력하고 양보하는데 상대가 문제'라는 편견이나 피해의식 등 부정적 지각으로 일관함으로써 조직의 안정성, 조화성을 깨트릴 수 있다. 특히 집단 간의 갈등에서는 소위 '우리'와 '그들'을 구분하고 상대에 대해서는 지나치게 적개심을 유발하고 극단적인 행동을 취함으로써 집단의 불안정을 초래하기도 한다.

(3) 비생산성(Unproductivity)

갈등은 종종 상대를 공격하는 데 급급하여 전체 조직의 생산성을 떨어트리기도 한다. '집단의 응집력이 높아지면 생산성이 높아진다'는 가설은 전적으로 옳다고는 할 수 없다. 예컨대 관리자와 갈등이 발생하면 집단 응집력이 오히려 생산성을 감소시키는 역기능을 하게 된다. 또한 갈등이 발생하게 되면 구성원들의 과업집중도가 떨어지고, 집단의 생산활동보다는 상대방의 목표를 방해하는 활동에 집중시키는 경향을 보이기도 한다.

(4) 불균형성(Imbalance)

갈등은 정상적인 의사소통을 방해한다. 일단 갈등상황에 빠지면 구성원들과의 상호작용을 회피하게 된다. 불가피하게 마주치더라도 적대시하거나 공격성을 드러내 정보의 흐름과 재생산을 불가능하게 만든다. 또한 갈등이 발생하면 구성원 간의 의사소통이 감소된다. 문제가 있어도 은폐하거나 극단적인 경우 자료와 정보의 고의적 왜곡이 일어나기도 한다.

(5) 비창조성(Uncreative)

갈등은 조직이나 개인의 창의성을 떨어트릴 수 있다. 또한 갈등 상황에서는 조직 내의 작은 문제에만 집착하여 환경을 무시하고 고정관념이나 근시안적 현실에 매몰될 수도 있다. 또한 심리적 왜곡은 갈등상대의 장점을 고의적으로 왜곡하거나 실제로 하찮은 것으로 취급하는 경향이 있다. 이는 결과적으로 조직의 발전을 저해하는 행위가 된다(이성록, 2007).

이상에서 살펴본 바와 같이 갈등은 순기능적인 면과 역기능적인 면을 함께 지니고 있다. 그러므로 갈등을 무조건 무시하거나 없애려고만 해서는 안 된다. 오히려 부정적인 결과를 야기할 가능성이 큰 갈등을 긍정적인 갈등으로 바꾸는 지혜를 가져야 한다.

4. 갈등의 진행과정

갈등은 한순간에 발생해서 한순간에 끝나지 않고 일정한 과정을 거쳐 진행된다. 갈등은 서로 연관된 일련의 단계를 거쳐 진행되는 등 동태적인 과정으로 생명체처럼 일정한 주기를 갖고 있다. 갈등이 발생할 때는 사소한 문제로 여겼다가 생각지도 않게 큰 문제가 되어 어려움을 겪는 경우가 종종 있는데, 이것은 바로 갈등이 일정한 과정을 거치면서 진행되기 때문이다. 따라서 '사람 사는게 다 그렇고 그런 거니까 그만 잊고 마음 풀어요'라고 한다고 해서 갈등이 그냥 풀리지는 않는다. 조직 내 갈등을 제대로 풀려면 먼저 갈등이 지금 어느 정도인지, 어떤 과정에 와있는지를 정확하게 파악해야 한다. '모든 갈등은 어떤 방법으로 해결해야 한다'라는 단순한 기법 위주의 접근은 오히려 갈등 해결을 더 어렵게 할 수도 있다. 갈등이 처한 상황을 제대로 이해하고 그 상황에서 가장 최선의 방법이 무엇인지 찾아낼 수 있어야 한다.

일반적으로 조직 내의 갈등이 어떤 과정을 거치는가에 대해서는 학자들이 보는 관점에 따라 조금씩 차이가 있지만 갈등이 의견 불일치, 대결, 격화, 진정, 해소의 과정을 거쳐 진행된다는 데 대해서는 대체로 의견을 같이한다. 이해 당사자들이 주장하는 바가 서로 다른 의견 불일치 상황에서 갈등이 생성되고, 서로 양보 없이 자기주장을 계속 유지하는 대결 국면을 보이면서 갈등은 점차 증폭되게 된다. 갈등 당사자들이 상황을 서로 유리하게 이끌어 가기위해 모종의 수단을 동원하거나 감정을 자극하는 언어나 행동을 취하게 되면 대결이 더 심화되어 격화 단계에 이르게 된다. 이러한 상황에서 갈등 당사자들이 파국을 피하기 위해 서로 양보하거나 수용가능한 해결책을 강구하면서 갈등이 진정 국면으로 접어들게 되고 결국 해소되게 된다. 이와 관련된 세부내용을 살펴보면 다음과 같다(장동운, 2009).

1) 의견 불일치(Disagreement)

인간은 사회적 동물이다. 인간은 혼자 사는 것이 아니고 항상 다른 사람들과 부대끼면서 살아간다. 사람들은 이처럼 서로 긴밀한 의존관계에 있으면서도 생각은 물론 가치관과 성격 등은 다를 수밖에 없다. 이러한 생각 등의 차이가 다른 사람과의 의견 불일치를 가져오고 이로 인해 갈등이 발생하게 된다.

그러나 의견이 일치하지 않는다고 해서 반드시 심각한 갈등이 야기되는 것은 아니다. 의견이 완전히 다른 상황에서도 막상 대화를 해보면 아무런 문제가 없는 경우도 있고, 대화 과정에서 오해가 풀려 상대방의 생각과 동기를 서로 이해하게 되어 오히려 더 좋은 관계로 발전하는 경우도 종종 있다.

하지만 의견 불일치로 인해 일단 갈등이 발생할 경우 그대로 방치해서는 안 된다. 아무리 사소한 문제로 인한 갈등이라도 반드시 해소하고자 하는 노력이 필요하다. 별것 아니라고 무시했던 문제들이 생각지도 않은 다른 문제로 확대되어 어려움에 빠지는 경우가 종종 있기 때문이다.

또한 영화 감상, 구두 선택, 머리 스타일, 또는 농담 등과 같이 사소한 문제로 인한 의견 불일치의 경우 상대방에게 더 중요하고 심각한 문제들을 함께 논의하면 쉽게 해결할 수도 있다. 가령 회의실이나 식당에서 좌석배치 문제로 의견이 갈릴 때는 직사각형 탁자를 원형 탁자로 바꾸면 갈등이 쉽게 해결될 수도 있다.

2) 대결 국면(Confrontation)

일단 의견 불일치가 심화되면 서로 대립하는 대결 국면에 들어서게 된다. 이 경우 갈등이 감정적 영역으로 확대되어 상대방 주장의 문제점을 찾거나 자신에게 유리한 정보만 제시하면서 양보를 완강히 거부하게 된다. 자신의 입장은 적극적으로 옹호하고, 상대방이 제시한 정보에 대해서는 진실성을 의심하며 받아들이려 하지 않는다. 즉, 상대방의 입장은 부정하고 자기주장만 고수하려는 강도가 높아지면서 긴장이 더욱 높아진다. 나아가 논리적이고 이성적인 토론은 온데간데 없고 감정적 대응이 격화되게 된다. 신경질적인 비웃음 등이 나타나고 이로 인해 심장박동 이상, 두통 등의 신체적인 이상 현상까지 나타나기도 한다.

3) 격화 국면(Intensity)

대결 국면에서 감정적 대립이 심화되다 보면 갈등이 격화되는 국면으로 치닫게 된다. 이 국면에 이르게 되면 상대방에 대해 더욱 더 적대적이게 된다. 이제 의견을 일치시키는 것은 아예 물 건너가게 되고, 의견을 좁히는 것마저 어려운 단계에 이르게 된다. 따라서 설득을 통해서 문제를 해결하려 하기보다는 오히려 강압적인 방법이나 위협적인 방법을 사용하려 하고, 극단적인 경우 언어적 공격이 신체폭행으로까지 번지기도 한다. 이 정도가 되면 논쟁 강도가 점점 높아져 불신, 좌절 및 부정적인 인식이 확산되면서 새로운 갈등 요인까지 유발시켜 양측 모두 자멸하는 상황이 초래되기도 한다.

4) 진정 국면(Calm down)

시간이 지나면서 정점을 치닫던 갈등은 점차적으로 감소하여 진정 국면으로 들어서게 된다. 계속되는 논쟁에도 불구하고 아무 것도 얻은 것 없이 귀한 시간과 에너지만 낭비하였고 긴장상태를 무한정 유지할 수도 없다는 것을 알게 된다. 이 상태가 되면 흥분과 불안이 가라앉고 이성과 이해의 원상태로 돌아가려는 심리가 작용하면서 협상 분위기가 조성된다. 협상은 '상대방과의 대화를 통해서만이 서로에게 이득이 된다'는 가정을 전제로 하고 있기 때문이다. 이러한 국면이 조성되면 협상과정을 통해서 쟁점을 깊이있게 논의하고 새로운 제안을 하는 등 대안을 모색하게 된다. 갈등 당사자들이 서로 진정성을 갖고 함께 대화하려는 적극적이고 긍정적인 자세를 보인다면 의견 불일치, 대결 및 갈등격화 국면에서 잃어버렸던 신뢰를 다시 회복할 수 있다. 이 과정에서는 격의 없는 의사소통이 무엇보다 중요하다. 상대방의 요구에 귀를 기울이면서 상대방의 감정을 존중해 주고 기꺼이 협조하려는 태도를 보여야만 서로 간에 신뢰가 생기기 때문이다.

5) 갈등의 해소(Resolve a Conflict)

일단 갈등이 진정 국면에 들어서면 갈등당사자들은 문제를 해결하지 않고는 자신들의 목표를 달성하기 어렵다는 사실을 인식하게 된다. 이에 따라 갈등당사자들은 의도했던 결과를 얻지 못했더라도 문제해결을 위해 서로의 이해를 일치시키려는 노력을 하게 된다. 이 경우 갈등과정에 쌓인 감정의 대립은 다음과 같은 방법들을 통해서 해소된다.

① 회피(avoidance)
② 강압(coercion) 또는 지배(control)
③ 타협(compromise)
④ 순응(adaptation)
⑤ 통합(integration) 또는 협동(cooperation)

또한 갈등의 진행과정을 갈등이 분출되는 수준을 중심으로 구분할 수도 있다. 이러한 경우 갈등은 잠재 국면과 증폭 국면 그리고 위기 국면을 거쳐 진정 국면과 후기 갈등 국면으로 진행된다고 볼 수 있다(그림 1-1 참조). 여기서 잠재 국면은 의견 불일치 등으로 갈등이 발생하지만 표면화되지 않고 잠재되어 있는 상황을 지칭한다. 증폭 국면은 갈등이 표면화되어 대립과 대결구도가 형성된 상황이며, 이러한 대결구도가 심해지면 결국 위기 국면이 초래되게 된다. 이 상황에서는 갈등당사자 모두에게 이익이 되지 않는다는 공감대가 형성되어 이를 해소하기 위한 노력이 가시화되면서 갈등이 진정 국면으로 접어들게 된다. 이 경우 갈등이 완전히 해소되기도 하지만 표면화되지 않을 뿐 또다시 잠재 국면으로 전환하기도 한다. 결국 잠재 국면은 갈등주기적 관점에서는 후기 갈등단계의 또 다른 이름이 될 수도 있다. 갈등의 여파는 계속적인 갈등을 유발할 수 있기 때문에 후기 갈등단계는 갈등관리의 중요한 대상이 되어야 한다.

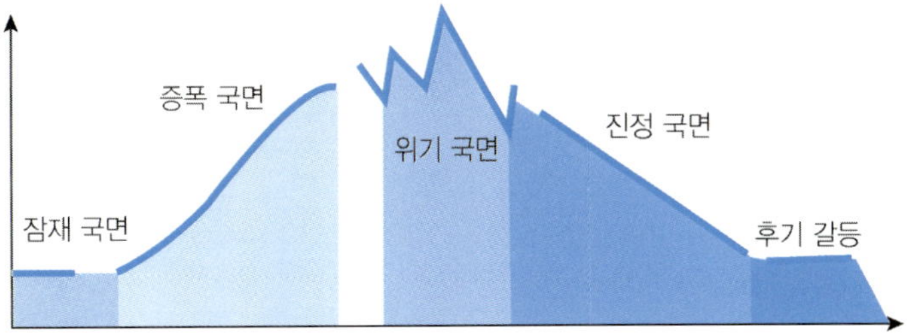

| 그림 1-1 | 갈등 국면의 발달과정

〈표 1-2〉 갈등 국면과 갈등효과

갈등효과 예시				
잠재 국면	증폭 국면	위기 국면	진정 국면	후기 갈등
불평불만 이해관계 냉소주의	공개언쟁 적대감 귀인편향	목표방해 적대행위 스트라이크	회피퇴각 좌절감 방어기제	이전 갈등 회상 조직구조 변화 이해관계 변화

출처 : 이성록(2007).

한편 어떤 사건이 잠재된 갈등을 자극하여 외부로 표출되게 되면 갈등의 차원과 성질에 따라 갈등이 증폭되고 위기 국면으로 심화되는 과정에서 단계마다 두드러진 방어기제와 편향 및 오류가 나타난다(표 1-2 참조). 이러한 각각의 현상들은 갈등의 결과물로서 갈등을 증폭시키는 요인인 동시에 갈등관리자의 개입수준을 결정해 주는 지표이기도 하다. 갈등상황을 이해하는 데 있어서 중요한 요점 중의 하나는 갈등은 단일 차원의 독립적 사건이 아니라 다차원적이며 상호의존적 사건이라는 것이다. 따라서 갈등이 촉발되고 증폭되는 과정에서 오류가 발생할 가능성이 높다는 사실을 유의할 필요가 있다(이성록, 2007).

CHAPTER 02

갈등의 유형 및 특성

갈등은 생성에서 소멸까지 과정에 무수한 원인과 관계가 복잡하게 상호작용하기 때문에 외부로 표출되는 형태도 매우 다양하다. 그래서 갈등은 어떠한 기준으로 구분하느냐에 따라 여러 가지 유형으로 분류할 수 있다.

갈등을 분류하는 일반적인 기준으로는 주체, 이슈, 내용, 성격, 표출 여부 등을 들 수 있다. 그러나 여기서 다루는 갈등은 개인 갈등부터 가족, 마을, 학교, 종교 공동체, 직장, 사회, 국가에서 발생하는 갈등까지 매우 광범위하다. 따라서 이해의 편의를 위해 갈등의 유형을 먼저 갈등의 주체를 기준으로 개인 차원의 갈등, 사회 차원의 갈등, 국가 차원의 갈등으로 분류한 후 그 안에서 갈등의 내용, 성격, 이슈 등에 따라 세세한 유형을 살펴보고자 한다.

이처럼 갈등의 유형을 분류하는 것은 갈등의 속성을 제대로 이해하고 분석하는 데 도움이 될 뿐만 아니라 갈등을 효율적으로 관리하기 위한 방안을 도출하는 데 유용한 틀을 제시해 주기 때문이다.

1. 개인 차원의 갈등

개인 차원의 갈등이란 개인의 내면적인 상태나 성격에서 비롯되는 갈등을 말한다. 개인 차원의 갈등은 개인적인 문제로 인한 갈등이기 때문에 전문적인 상담이 필요한 영역이라고 볼 수 있다. 하지만 개인 차원의 갈등은 사회적 갈등과 일정한 관계를 맺고 있어 직장과 같은 조직에서 흔히 발생하고 있다. 따라서 단순한 개인적 문제로 치부해서는 안 된다. 이러한 개인 차원의 갈등은 관점에 따라 다양하게 분류할 수 있지만, 여기서는 갈등의 발생원인을 중심으로 ① 욕구좌절로 인한 갈등, ② 목표 갈등, ③ 역할 갈등으로 분류하여 살펴보고자 한다(장동운, 2009).

1) 욕구좌절로 인한 갈등(Conflict Caused by Desire Disruption)

개인은 누구나 심리적 목표를 달성하지 못하게 되면 갈등에 빠지게 된다. 개인이 지닌 욕구가 좌절될 경우 철회, 공격이나 또는 타협 등의 반응을 보인다. 이러한 반응을 통해서 욕구좌절로 인한 갈등을 해소하려 하기 때문이다. 일반적으로는 자신의 욕구가 좌절되면 욕구를 철회하는데, 철회의 방법으로는 외적 철회로서의 도피와 내적 철회로서의 무기력 등이 있다. 그러나 사람에 따라서는 욕구좌절로 인한 반응이 공격으로 나타나기도 한다.

2) 목표 갈등(Goal Conflict)

서로 양립될 수 없는 목표들 사이에서 쉽게 의사결정을 못해 겪는 갈등을 목표 갈등이라고 한다. 레윈(Lewin)은 이것을 인지 불일치(cognitive dissonance)라고 불렀다. 인지 불일치는 어떤 사람이 사실을 말하고 싶어 하면서도 다른 한편으로는 상대방의 감정을 건드리지 않을까 걱정하여 말을 하지 못하는 경우를 말한다.

레윈은 갈등을 설명하는 용어의 정의를 내리면서 자신이 하고 싶은 것을 '접근(approach)', 하기 싫은 것을 '회피(avoidance)'라고 명명하고, 이 둘이 동시에 부딪히고 둘 중 하나를 선택할 수밖에 없는 상황을 '갈등(conflict)'이라고 하였다. 레윈의 정의에 따르면, 갈등상황은 접근-접근, 접근-회피, 회피-회피의 세 가지 상황으로 크게 나눌 수 있다(김두열, 2014 재인용).

(1) 접근–접근 갈등(Approach–Approach Conflict)

대안들이 모두 마음에 들지만 양립할 수 없는 목표로 인해 불가피하게 선택을 해야만 하는 경우의 갈등을 말한다. 개인의 갈등유형 중 가장 단순한 유형이다. 예를 들면, 선택지가 많아 어떤 것을 선택할 것인가를 놓고 겪는 갈등이 대표적이다.

(2) 접근–회피 갈등(Approach–Avoidance Conflict)

어떤 대안이 좋은 면과 나쁜 면을 동시에 가지고 있어 한쪽으로 끌리기도 하지만 또 다른 한편으로는 끌리지 않는 경우에 나타나는 갈등이다.

예를 들어, 직장에서 회식을 할 경우 동료들과의 관계를 위해서는 참석하고 싶은데 한편으로는 아내와 전날 한 약속 때문에 회식을 피하고 싶은 상황에서 겪는 갈등을 들 수 있다.

(3) 회피–회피 갈등(Avoidance–Avoidance Conflict)

어떤 대안을 선택해야 하지만 모든 대안이 마음에 들지 않아 상황을 회피하고 싶은 경우에 생기는 갈등을 말한다.

학생이 공부도 하기 싫지만, 그렇다고 성적이 나쁘다는 이유로 처벌을 받고 싶지는 않을 때 겪는 갈등이 대표적인 사례가 될 수 있다.

3) 역할 갈등(Role Conflict)

한 개인이 동시에 여러 가지 역할을 수행해야 하는 상황에서 발생하는 역할 간의 충돌로 일상생활에서 흔히 생기는 갈등이다. 예를 들어, 직장에서 중요한 회식자리에 참석하고 있는데 집에서 급한 일이 있다며 빨리 오라는 연락이 온다면 직장과 가정에서의 역할을 동시에 요구받게 되어 충돌이 발생하게 된다.

2. 사회 차원의 갈등

사회를 구성하는 개인과 집단, 조직과 같은 집합적 단위에서 발생하는 갈등을 사회 차원의 갈등이라고 한다. 사회에는 서로 다른 인격과 재능, 가치관을 가진 수많은 구성원들이 함께 살아가다 보니 무수한 사회적 쟁점이 발생하고 있다. 특히 사회적 지위나 경제적 자원은 한정되어 있어 자원의 배분을 둘러싼 갈등은 피할 수가 없다. 이해당사자들이 사회적 쟁점에 대해 사회적 필요 또는 경제적 이해관계를 달리하면서 사회 차원의 갈등이 발생하게 된다. 이러한 갈등은 세대 갈등, 계층 갈등, 이념 갈등, 지역 갈등, 노사 갈등, 복지 갈등 등으로 표출된다. 하지만 아주 다양한 형태로 나타나는 사회 차원의 갈등도 갈등당사자를 중심으로 보면 개인 간, 집단 간, 조직 간의 갈등으로 나눌 수 있다(김미라, 2007; 이성록, 2007).

1) 개인 간 갈등(Interpersonal Conflict)

개인 간 갈등은 개인과 개인 사이에서 발생하는 갈등을 말한다. 일반적으로 가족, 친구, 직장 동료 등과 같은 집단 내 구성원들 사이에서 발생한다. 주로 집단 구성원들의 개인 차이에 의한 것으로 실질적인 쟁점의 불일치와 감정적 관계라는 두 가지 요인에 의해 나타난다.

여기서 말하는 실질적인 쟁점의 불일치란 대인관계나 업무관계 중에서 역할이 모호하거나 방법, 목표, 절차, 책임, 가치, 사실 등에 대한 불일치를 의미하며, 감정적 관계란 불안, 불신, 거부와 같은 부정적 감정을 느끼는 상호관계를 의미한다(김미라, 2007).

실제의 갈등 상황에서는 핵심문제인 실질적 쟁점이 겉으로 드러나지 않은 채 갈등의 밑바닥에 깔려있고, 오히려 감정적 문제들이 상황을 복잡하게 만드는 경우가 많다. 예를 들어, 조직 내에서 어느 한 사람이 중요과제(핵심문제)

를 맡았을 때 다른 사람은 조직이 자신을 알아주지 않는다고 느끼고 화가 날 수 있다(감정적 문제). 따라서 갈등을 해결하기 위해서는 실질적인 쟁점부터 해결해야 한다.

2) 집단 간 갈등(Intergroup Conflict)

집단 간 갈등은 조직 내의 집단과 집단 사이에서 보편적으로 발생하는 갈등을 말한다. 회사 내에서 발생하는 부서 간이나 상하 간, 또는 노사 간 갈등이 대표적인 사례이다. 이러한 갈등은 구성원들이 속한 집단의 조정과 통합을 어렵게 하여 업무성과에도 막대한 영향을 미치게 된다.

3) 조직 간 갈등(Interagency Conflict)

서로 다른 조직 사이에서 발생하는 갈등으로, 회사들 간의 경쟁으로 인한 갈등이 가장 보편적이라고 할 수 있다. 오늘날과 같이 조직체의 규모가 커지고 조직 내의 기능이 다양해지면 다양해질수록 집단 간의 관계는 더욱 복잡성을 띠고 그만큼 조직 간의 갈등도 커지기 마련이다. 조직체에서 나타나는 조직 간의 갈등에는 다음과 같은 몇 가지 기본적인 유형이 있다(김미라, 2007).

(1) 수직적 갈등(Vertical Conflict)

수직적 갈등은 조직 내의 권한 계층에 있어서 상하지위 간에 상황에 대한 인식과 정보, 지식, 자원, 권력, 지위 등의 차이에 의해 발생하는 갈등이다. 가장 일반적인 예로 과업목표, 마감일, 목표달성 등에 대한 상사와 부하 간 갈등을 들 수 있다.

(2) 수평적 갈등(Horizonal Conflict)

수평적 갈등은 어떤 조직에서 동일수준의 계층 사람들이나 집단 간에 발생하는 갈등이다. 이러한 갈등은 운영목표의 비양립성, 차별화, 상호의존성, 권력배분의 상태, 보상체계 등과 같은 요인들이 개인적 특성과 결합되어 야기된다.

(3) 라인-스텝 갈등(Line-Staff Conflict)

라인-스텝 갈등은 조건이나 규정의 비합리적 적용으로 라인-스텝이 비효율적으로 운영될 때 부서 간의 비협조와 책임한계의 불명확성으로 인해 조직 내 업무당사자 간에 발생하는 갈등이다.

3. 국가 차원의 갈등

개인과 사회와 국가는 일련의 연계체제를 가지고 있다. 각각의 개인들이 모여서 공동체를 이루어 조직을 구성하고, 조직의 부분적 집합이 국가를 구성하게 된다. 그러다 보니 개인 및 조직 차원의 갈등과 마찬가지로 국가 차원에서도 매우 다양한 갈등이 발생하게 된다. 특히 경제와 사회가 다변화되고, 민주화와 지방화 등이 고도화되면서 사회 각 분야에서 갈등이 심화되어 사회통합과 국가의 지속발전을 저해하고 있다. 이러한 국가 차원의 갈등은 국가가 일반국민들에게 광범위하게 영향을 미치는 정책이나 사업을 추진하는 과정에서 발생하는 공공갈등과 국가와 국가 사이에서 발생하는 국가 간의 갈등으로 구분할 수 있다.

1) 공공 갈등(Public Conflict)

공공 갈등은 넓게 보면 '공공의 영역에서 발생하는 모든 갈등'으로 볼 수 있지만 범위를 좁혀보면 '공중에 미치는 커다란 영향 때문에 정부가 직접 관여하거나 개입하는 갈등'으로 볼 수 있다. 학자들은 이처럼 갈등당사자를 중시하느냐, 아니면 갈등의 쟁점을 중시하느냐 등에 따라 공공 갈등의 개념을 다양하게 정의해 왔다.

그런데 정부는 지난 2007년 2월 「공공기관의 갈등예방과 해결에 관한 규정」(대통령령 제19886호, 2007. 2. 12)을 제정하면서 공공 갈등을 '공공정책(법령의 제정·개정, 각종 사업계획의 수립·추진을 포함)을 수립하거나 추진하는 과정에서 발생하는 이해관계의 충돌'이라고 규정하였다. 공공기관을 갈등당사자로 명시하고 공공갈등 이슈를 명확히 한정한 것이다. 이에 따라 현재는 다수의 학자들이 공공갈등관리규정에서 규정한 공공 갈등의 개념에 따라 공공 갈등을 정의하고 있다.

이러한 공공 갈등의 정의에 따르면, 공공 갈등은 ① 중앙정부나 지방자치단체, 정부투자기관 등 공공기관이 갈등당사자 중 하나이고, ② 주로 공공부문의 정책 및 사업의 진행, 자원의 배분, 시설의 입지 등의 과정에서 가치와 이해가 복합적으로 충돌하여 갈등이 발생하고 있으며, ③ 다양한 공공기관은 물론 정책 및 사업의 이해관계자와 복잡하게 얽혀 시간이 흐르면서 계속 변화할 가능성이 있으며, ④ 단순한 법의 적용이나 사실관계 확인, 위법행위 판단만으로는 갈등을 해결하기 어렵다는 특성을 지니고 있다(국무조정실, 2014).

또한 공공 갈등은 갈등의 주체, 성격, 내용, 이슈 및 갈등 표출 여부 등에 따라 몇 가지 유형으로 구분할 수 있다.

첫째, 공공 갈등은 갈등의 주체에 따라 정부－정부 간 갈등과 정부－민간 간 갈등으로 분류할 수 있다. 정부－정부 간 갈등은 중앙정부와 지방정부,

광역자치단체와 기초자치단체 사이에 발생하는 수직적 갈등과 중앙정부와 광역자치단체, 기초자치단체 등 동급의 공공기관 사이에 발생하는 수평적 갈등으로 나눌 수 있다. 정부－민간 간 갈등은 공공정책의 수립 및 추진 주체인 공공기관과 그 정책의 영향을 받는 주민 및 시민단체 사이의 갈등을 말한다.

둘째, 갈등의 성격에 따라 이익 갈등과 권한 갈등으로 구분할 수 있다. 이익 갈등은 갈등당사자들이 자원의 배분을 놓고 대립함으로써 발생하는 갈등을 말한다. 주로 시설입지, 토지이용과 관련한 비용과 편익의 불일치로 인해 나타나는 이해관계의 대립으로 선호시설 유치 갈등 또는 비선호시설 기피 갈등 등이 여기에 해당된다. 권한 갈등은 법적 권한을 누가 가지느냐는 문제로 정부와 정부 사이에서 발생하는 갈등을 말한다. 주로 인·허가 또는 재산관리 등을 둘러싸고 중앙정부와 지방정부, 또는 지방정부 사이에 일어나는 갈등이다.

셋째, 갈등의 내용에 따라 정책 갈등, 이익 갈등, 입지 갈등, 노사 갈등, 개발 갈등 등으로 구분할 수 있다. 이러한 분류는 주로 갈등사례 분석을 통해 귀납적으로 분류되는 경우가 많다.

넷째, 갈등이슈에 따라 가치 갈등과 이해 갈등으로 구분한다. 가치 갈등은 이념적 대립, 개발－환경 간 갈등 등과 같이 이념, 가치관, 종교적 신념, 지향점 등의 차이에 따라 발생하는 갈등이다. 이해 갈등은 자원배분과 관련 당사자들의 사고의 차이에서 발생하는 갈등이다.

마지막으로 갈등 표출 여부에 따라 잠재적 갈등과 현재적 갈등으로 구분할 수 있다. 잠재적 갈등은 갈등 발생 조건이 존재하고 당사자들이 이를 인지하고 있지만 갈등에 따른 외형적 행위가 드러나지 않은 갈등이며, 현재적 갈등은 외부로 표출된 갈등이다.

2) 국가 간 갈등(International Conflict)

국가 간 갈등은 복수의 국가나 정부에서 발생하는 국제적 규모의 갈등을 말한다. 인류의 역사는 수많은 갈등과 오류 속에서 발전과 후퇴를 거듭해 왔다. 국제관계도 무수한 분쟁과 전쟁의 역사로 점철되어 왔다. 특히 두 차례의 세계대전을 치른 이후 국제정치학자들은 '전쟁이 왜 발생하는지, 어떻게 하면 평화를 이루어 나갈 수 있는지'에 대해 집중적으로 연구해 왔으며, 결국 국가 간의 갈등상황이 전쟁으로 연결된다는 인과관계를 찾아냈다. 국가는 자체의 속성을 증대하거나 확장하려는 성향을 가지고 있어 어떤 국가가 다른 국가의 특정 영토에 대해 소유권을 주장하거나 자원·시장 등을 지배하려고 할 때, 또는 자국의 이념이나 제도를 다른 나라에까지 확장하려고 할 때 다른 나라의 이익과 권리를 침해하거나 팽창주의 국가와 경쟁함으로써 국가 간의 갈등이 발생하게 된다고 보았다(구영록, 1975).

오늘날에도 세계 곳곳에서는 영토·영해 및 민족·종교 분쟁과 자원·무역을 둘러싼 분쟁 등 다양한 분야에서 국가 간 갈등이 끊임없이 발생하고 있다. 이러한 국가 간 갈등을 평화적으로 해결하기 위한 기구로 국제중재재판소, 국제상사중재재판소 등이 있다.

지금까지 살펴본 갈등의 유형을 도표로 정리하면 아래 <표 2-1>과 같다.

〈표 2-1〉 갈등의 유형

<table>
<tr><th colspan="6">유 형</th><th>내 용</th></tr>
<tr><td rowspan="5">개인 차원의 갈등</td><td colspan="5">욕구좌절로 인한 갈등</td><td>심리적 목표를 달성하지 못해 나타나는 갈등</td></tr>
<tr><td rowspan="3">목표 갈등</td><td colspan="4">접근—접근 갈등</td><td>양립할 수 없는 목표가 모두 마음에 드는 경우 선택 갈등</td></tr>
<tr><td colspan="4">접근—회피 갈등</td><td>마음이 끌리면서도 한편으로는 끌리지 않는 경우 선택 갈등</td></tr>
<tr><td colspan="4">회피—회피 갈등</td><td>모두 마음에 들지 않지만 어쩔 수 없이 선택할 때 갈등</td></tr>
<tr><td colspan="5">역할 갈등</td><td>한 개인이 여러 가지 역할을 동시에 수행해야 할 때 갈등</td></tr>
<tr><td rowspan="5">사회 차원의 갈등</td><td colspan="5">개인 간 갈등</td><td>개인 차이에 의해 나타나는 집단 구성원들 간의 갈등</td></tr>
<tr><td colspan="5">집단 간 갈등</td><td>조직 내의 집단 사이에서 발생하는 갈등</td></tr>
<tr><td rowspan="3">조직 간 갈등</td><td colspan="4">수직적 갈등</td><td>조직의 수직적 권한 계층 사이에 발생하는 갈등</td></tr>
<tr><td colspan="4">수평적 갈등</td><td>동일한 조직 계층의 집단 사이에서 발생하는 갈등</td></tr>
<tr><td colspan="4">라인—스텝 갈등</td><td>업무관계에서 라인조직과 스텝조직 사이에 발생하는 갈등</td></tr>
<tr><td rowspan="14">국가 차원의 갈등</td><td rowspan="13">공공 갈등</td><td rowspan="6">주체에 따른 분류</td><td rowspan="5">정부—정부 간 갈등</td><td rowspan="2">수직적 갈등</td><td>중앙정부—지방정부 갈등</td><td>중앙행정기관과 광역 및 기초 자치단체 사이의 갈등</td></tr>
<tr><td>광역—기초 지자체 갈등</td><td>광역자치단체와 기초자치단체 사이의 갈등</td></tr>
<tr><td rowspan="3">수평적 갈등</td><td>중앙정부 간 갈등</td><td>중앙행정기관 사이의 업무권한 등을 둘러싼 갈등</td></tr>
<tr><td>광역자치단체 간 갈등</td><td>광역자치단체 사이의 업무권한 등을 둘러싼 갈등</td></tr>
<tr><td>기초자치단체 간 갈등</td><td>기초자치단체 사이의 업무권한 등을 둘러싼 갈등</td></tr>
<tr><td colspan="3">정부—민간 간 갈등</td><td>공공기관과 주민 또는 시민단체와의 갈등</td></tr>
<tr><td rowspan="2">갈등 성격에 따른 분류</td><td colspan="3">이익 갈등</td><td>비용과 편익 불일치로 인한 이해관계의 대립</td></tr>
<tr><td colspan="3">권한 갈등</td><td>인·허가 및 재산관리 등의 권한을 둘러싼 정부 간 갈등</td></tr>
<tr><td colspan="4">갈등내용에 따른 분류</td><td>정책 갈등, 이익 갈등, 입지 갈등, 노사 갈등, 개발 갈등 등</td></tr>
<tr><td rowspan="2">갈등 이슈에 따른 분류</td><td colspan="3">가치 갈등</td><td>이념, 가치관, 종교적 신념, 지향점 등의 차이에 의한 갈등</td></tr>
<tr><td colspan="3">이해 갈등</td><td>자원배분과 관련 당사자들 사고의 차이에서 발생하는 갈등</td></tr>
<tr><td rowspan="2">갈등 표출 여부에 따른 분류</td><td colspan="3">잠재적 갈등</td><td>갈등에 따른 외형적 행위가 겉으로 표출되지 않은 갈등</td></tr>
<tr><td colspan="3">현재적 갈등</td><td>갈등에 따른 외형적 행위가 겉으로 표출된 갈등</td></tr>
<tr><td colspan="5">국가 간 갈등</td><td>복수의 국가나 정부에서 발생하는 국제적 규모의 갈등</td></tr>
</table>

CHAPTER 03

갈등관리

1. 갈등관리의 개념

갈등에 대한 개념 정의가 학자에 따라 다양하듯이 갈등관리(conflict management)에 대한 개념 정의도 갈등의 수준을 어떻게 보는가에 따라 매우 다양하다. '관리(management)'라는 사전적 의미를 살려 갈등이 수용한계를 벗어날 정도로 악화 내지는 고조되지 않도록 하는 것이라고 규정한 학자(Krauss)가 있는가 하면, 갈등이 확대되고 악화되는 것을 방지하고 갈등이 유리한 결과를 가져올 수 있도록 하는 데 도움을 주는 구조나 조건을 마련하는 것(Bercovich)이라고 정의하는 등 단순히 갈등의 성격을 전환시키는 차원을 넘어 갈등의 순기능적인 효과까지 가져올 수 있도록 조장하는 개념(Radim)으로 확대하기도 한다(박홍엽, 2006).

갈등관리를 갈등이 수용 한계를 벗어날 정도로 확대되거나 악화되지 않도록 막는 것이라고 규정할 경우, 이를 협의의 갈등관리 개념이라고 한다. 반면에 갈등관리를 갈등의 순기능적 효과를 조장하는 범위까지 확장할 경우, 이를 광의의 갈등관리라고 정의할 수 있다. 갈등관리에 대한 여러 학자들의 개념 정의를 정리하면 다음 <표 3-1>과 같다. 이 도표를 자세히 살펴보면 학자들이 갈등관리의 개념을 협의의 개념에서 광의의 개념으로 점차 확장시켜 왔음을 알 수 있다. 이처럼 갈등관리의 개념을 확장시켜 온 것은 갈등을 예측 가능하고 통제 가능한 것으로 간주하고, 갈등상황을 변화시키는 특정 조건을

'관리'함으로써 그 갈등이 우리사회에 미치는 영향을 순기능적으로 바꿔보겠다는 의도가 포함되어 있다고 볼 수 있다.

〈표 3-1〉 갈등관리에 대한 학자들의 개념정의

학 자	갈등관리에 대한 개념정의
Krauss(1984)	합의되지 않고 있는 갈등이슈가 합의된 절차에 의해 다루어져서 갈등이 수용한계를 벗어날 정도로 악화 내지는 고조되지 않도록 하는 것
Bercovich(1984)	갈등이 확대되고 악화되는 것을 방지하고 갈등이 유리한 결과를 가져올 수 있도록 하는 데 도움을 주는 구조나 조건을 마련하는 것
Radim(1986)	개인이나 조직에 있어서 동기부여 강화, 사기증진, 개인 및 조직의 발전을 이룩하는 것
Ross(1993)	갈등당사자들이나 갈등관리자인 제3자가 갈등을 다루기 위해 거치는 단계
Sandole(1987)	갈등규제(conflict regulation)와 동의어로 보면서 갈등관리는 갈등개입과 갈등해결이라는 용어보다 더 포괄적인 개념
Mayer(2000)	갈등관리라는 용어가 갈등해결(conflict resolution)이라는 용어보다 현장에서 발생하는 이슈들을 보다 더 적절히 표현할 수 있는 용어
Tjosvold, et al.(2001)	문제해결과 효과성 증대, 관계를 강화하는 것
지속가능발전위(2003)	일단 발생한 갈등의 강도를 조절하고 갈등의 악화를 방지하기 위한 활동
임동진(2010)	갈등을 예방하고 발생한 갈등을 해소시키거나 완화하는 등 갈등의 해결을 용이하게 하며, 갈등으로 인한 부정적 효과를 최소화하고 갈등의 긍정적 효과를 최대화하려는 일체의 활동

출처 : 임동진(2010).

따라서 지금까지 논의되어 온 갈등관리에 대한 개념정의를 종합해 보면, 갈등관리는 갈등이 일어나는 원인과 갈등의 성격・정도 등을 분석하여 조직에 해로운 갈등은 해소하거나 완화시키고, 그 정도가 경미하여 조직 발전에 도움이 되는 갈등에 대해서는 오히려 조장하는 활동까지 포함하는 개념이라고 규정할 수 있다. 결국 갈등관리의 요체는 갈등을 일으키는 원인 규명과 함께 그 원인에 따라 갈등을 해소하거나 조장하는 일이라고 볼 수 있다(임동진, 2010).

한편 갈등의 생성과 발전 단계가 복잡하고 다양한 것과 마찬가지로 갈등을 관리하는 방법도 관점에 따라 다를 수밖에 없다. 갈등의 종류, 갈등의 진행 정도 등에 따라 하나의 갈등에 대해서도 여러 가지 접근방식을 다르게 적용할 수 있다. 갈등을 다루는 다양한 접근방식을 시대의 변화와 발전과정을 따라 정리하면 <표 3-2>와 같다(지속가능발전위원회, 2005).

〈표 3-2〉 갈등을 다루는 다양한 접근방법

관 점	접근방법	문제해결의 주체/ 초점
갈등개입/ 종식 (conflict intervention/ termination)	갈등을 멈추기 위한 목적으로 갈등당사자(집단)와 이해관계가 있는(또는 없는) 제3자의 개인(그룹)이 갈등사항에 참여하여 갈등이 증폭, 발전되지 않도록 하는 일련의 과정	우월한 힘 제3자의 역할
갈등타결 (conflict settlement)	구속력을 가진 제3자의 결정에 따라 갈등당사자 간의 문제가 결정되고 해결책이 적용되는 방법	공정성, 권위, 전문성을 가진 제3자, 중재
갈등관리 (conflict management)	지속적으로 발생하는 갈등의 확대, 재발을 방지하고 갈등을 효과적으로 관리, 통제하여 조직이나 사회적 손실을 최소화하려는 접근	제도, 시스템, 전문적 운영자
갈등해결 (conflict resolution)	심도 깊은 분석적 접근을 통해 갈등과 관련된 당사자들이 자율적으로 문제를 해결해 나가는 일련의 과정	갈등당사자, 조정상생적 합의 도출
갈등전환 (conflict transformation)	변화하지 않는 갈등은 없다는 전제하에 합의의 성패를 떠나 갈등이 유용하고 건설적인 에너지로 전환되도록 갈등당사자 간의 관계의 역동성을 중시하는 과정	갈등당사자, 전환적 조정, 관계의 변화(회복)
갈등예방 (conflict prevention)	갈등발생 이후의 접근은 소모적이므로 갈등을 미연에 예방하고 잠정적 갈등의 원인을 줄여나가는 방법	갈등예측, 조기경보 시스템
평화형성 (peace building)	문제해결식 접근이 아니라 창의적이고 참여적인 방법을 통해 평화적 결과를 생산하는 제도와 문화를 창출하는 시도	평화문화 창출을 위한 평화교육, 역량강화 (empowerment)

출처 : 지속가능발전위원회(2005).

위에서 살펴본 바와 같이 갈등관리를 발생한 갈등의 강도(intensity)를 조절하여 갈등이 악화되는 것을 막기 위한 활동이라고 규정할 때 갈등관리는 갈등예방(conflict prevention)은 물론 갈등해결(conflict resolution)과 개념상 차이가 난다. 그러나 우리나라에서는 갈등관리를 갈등의 예방과 해결을 위한 활동까지 모두 포함하는 개념으로 사용하고 있다(지속가능발전위원회, 2005). 현행 「공공기관의 갈등예방과 해결에 관한 규정」(대통령령 제19886호, 2007. 2. 12. 제정)에서도 공공기관이 갈등을 예방하고 해결하기 위하여 수행하는 모든 활동을 갈등관리로 보고 있다.

2. 갈등관리의 유형

1) 갈등관리 유형 설문조사

사람들이 특정한 갈등상황에 직면했을 때 대응하는 방식은 갈등의 유형만큼이나 매우 다양하다고 한다. 따라서 갈등을 효율적으로 관리하고 해결하기 위해서는 무엇보다 먼저 자신의 갈등대응 방식이 어떤 유형인지 알아야 한다. 그래야만 그에 맞는 갈등관리 전략을 강구할 수 있기 때문이다. 사람들이 갈등에 대응하는 방식의 유형을 진단하는데 가장 널리 쓰이는 것이 토마스-킬만(Thomas-Kilmann)의 갈등관리 유형 설문조사다. 토마스와 킬만은 사람들이 갈등에 대응하는 방식의 유형을 진단하기 위하여 특정한 갈등상황에 직면했을 때 어떠한 선택을 하는지 조사하는 설문지를 만들었다.

설문응답 방법은 자신이 바라는 바와 상대방이 바라는 바가 달라 서로 어긋나는 갈등상황을 생각해 본 후, 그러한 상황에서 자신은 대개 어떻게 반응하는지 체크하는 것이다. 그러한 상황에서 가능한 행동적 반응양식들을 설명하는 여러 쌍의 문장들 중 자신의 행동을 가장 특징적으로 나타내 주는 문장 A 혹은 B에 동그라미로 표시한다.

A문항이나 B문항 어느 것도 자신의 행동을 잘 나타내 주지 못하는 경우에는 상대적으로 비교적 가깝게 나타내 주는 문항을 선택하면 된다. 각 항목을 선택과 동시에 첨부된 답지에 동그라미로 표시하고 각 유형의 개수를 세어 답지 하단에 기입한다.

갈등관리 유형 설문지

각 문항을 읽고 A 또는 B를 선택한다.

1.	▢	A :	가끔 나는 문제해결의 책임을 상대방이 지도록 내버려 두곤 한다.
	▢	B :	서로가 동의하지 않는 일들에 대해 협상하기보다, 나는 서로 동의하는 일들에 대해서 강조한다.
2.	▢	A :	나는 타협적인 해결책을 모색하여 본다.
	▢	B :	나는 상대방과 나의 관심사를 모두 충족시키려고 시도한다.
3.	▢	A :	나는 대체로 내 목적을 달성하기 위해 끝까지 밀고 나간다.
	▢	B :	나는 아마 상대방의 감정을 상하지 않게 하고 서로 간의 관계를 유지하려고 노력한다.
4.	▢	A :	나는 타협적인 해결책을 모색해 본다.
	▢	B :	나는 때때로 상대방이 바라는 바를 위해서 내 자신이 바라는 바를 희생한다.
5.	▢	A :	나는 해결책을 찾아내기 위해서 끊임없이 상대방의 도움을 요청한다.
	▢	B :	나는 불필요한 긴장상태를 피하려고 한다.
6.	▢	A :	나는 나에게 불편한 자리는 회피하려고 한다.
	▢	B :	나는 내 직위를 확보하려고 애쓴다.
7.	▢	A :	나는 어떤 문제에 대해서 충분히 숙고할 시간이 있을 때까지 그것을 미루어 두려고 한다.
	▢	B :	나는 어떤 점을 얻는 대가로서 다른 점을 포기한다.
8.	▢	A :	나는 대체로 내 목적을 추구함에 있어 남에게 양보하지 않는 편이다.
	▢	B :	나는 모든 관심사와 문제들을 곧바로 터놓고 이야기하려고 시도한다.
9.	▢	A :	나는 서로 간의 견해 차이에 대해서 고민할 가치가 없다고 느낀다.
	▢	B :	나는 내 방식대로 일을 처리하기 위해서 어느 정도 노력을 한다.
10.	▢	A :	나는 대체로 내 목적을 달성하기 위해 끝까지 밀고 나간다.
	▢	B :	나는 타협적인 해결책을 모색해 본다.
11.	▢	A :	나는 모든 관심사의 문제들을 곧바로 터놓고 이야기하려고 시도한다.
	▢	B :	나는 아마 상대방의 감정을 상하지 않게 하고 서로 간의 관계를 유지하려고 노력할 것이다.
12.	▢	A :	나는 때때로 논쟁을 야기하게 되는 입장을 취하게 되는 일을 피한다.
	▢	B :	나는 만약에 상대방이 나의 입장을 어느 정도 존중해 준다면 나도 그 사람이 자신의 입장을 어느 정도 견지하도록 허용할 것이다.
13.	▢	A :	나는 중간적인 입장을 제안한다.
	▢	B :	나는 내 의견을 관철시킨다.
14.	▢	A :	나는 상대방에게도 내 생각을 말해주며 그 사람의 생각도 물어본다.
	▢	B :	나는 상대방에게 내 의견의 논리적 근거와 장점을 설명해 주려고 한다.
15.	▢	A :	나는 아마 상대방의 감정을 상하지 않게 하고 서로 간의 관계를 유지하려고 노력할 것이다.
	▢	B :	나는 불필요한 긴장상태를 피하려고 한다.

16.	☐ ☐	A : B :	나는 상대방의 감정을 상하지 않게 하려고 한다. 나는 상대방에게 내 입장의 장점을 설득시키려고 한다.
17.	☐ ☐	A : B :	나는 대체로 내 목적을 달성하기 위해 끝까지 밀고 나간다. 나는 불필요한 긴장상태를 피하려고 한다.
18.	☐ ☐	A : B :	나는 만약 상대방이 자신의 관점을 견지하는 데서 기쁨을 느낀다면, 그렇게 하도록 할 것이다. 나는 만약에 상대방이 나의 입장을 어느 정도 존중해 준다면 나도 그 사람이 자신의 입장을 어느 정도 견지하도록 허용할 것이다.
19.	☐ ☐	A : B :	나는 모든 관심사와 문제들을 곧바로 터놓고 이야기하려고 시도한다. 나는 어떤 문제에 대해서 충분히 숙고할 시간이 있을 때까지 그것을 미루어 두려고 한다.
20.	☐ ☐	A : B :	나는 서로 간의 차이를 해소시키려고 시도한다. 나는 이해득실상 양자 모두에게 공정한 입장을 찾으려고 한다.
21.	☐ ☐	A : B :	나는 협상해 나가는 과정에서, 상대방이 바라는 바를 배려해 주려고 한다. 나는 항상 문제를 직접 놓고 토론하는 편이다.
22.	☐ ☐	A : B :	나는 상대방의 입장과 나의 입장 간의 중간지점을 찾으려고 한다. 나는 내가 하고 싶은 바를 주장한다.
23.	☐ ☐	A : B :	나는 우리 모두가 바라는 바를 만족시키는 데 항상 관심을 가진다. 가끔 나는 문제해결의 책임을 상대방이 지도록 내버려 두곤 한다.
24.	☐ ☐	A : B :	만약 상대방의 입장이 그 사람에게 아주 중요하다고 보이면, 나는 그가 하고 싶은 바를 만족시켜 주려 할 것이다. 나는 상대방이 타협 안에 만족해하도록 할 것이다.
25.	☐ ☐	A : B :	나는 상대방에게 내 의견의 논리적 근거와 장점을 설명해 주려고 한다. 나는 협상해 나가는 과정에서, 상대방이 바라는 바를 배려해 주려고 한다.
26.	☐ ☐	A : B :	나는 중간적인 입장을 제안한다. 나는 항상 우리 모두가 바라는 바를 만족시키는 데 관심을 가진다.
27.	☐ ☐	A : B :	나는 때때로 논쟁을 야기하게 되는 입장을 취하게 되는 일을 피한다. 나는 만약 상대방이 자신의 관점을 견지하는 데서 기쁨을 느낀다면, 그렇게 하도록 할 것이다.
28.	☐ ☐	A : B :	나는 대체로 내 목적을 달성하기 위해 끝까지 밀고 나간다. 나는 해결책을 찾아내기 위해서 항상 상대방의 도움을 요청한다.
29.	☐ ☐	A : B :	나는 중간적인 입장을 제안한다. 나는 서로 간의 견해 차이에 대해서 고민할 가치가 없다고 느낀다.
30.	☐ ☐	A : B :	나는 상대방의 감정을 상하지 않게 하려고 한다. 나는 어떤 문제를 항상 상대방과 의논함으로써 우리가 그 문제를 해결할 수 있도록 한다.

출처 : Thomas & Kiman(1974), 김두열(2014) 재인용.

답지

설문지의 각 항목에 동그라미를 친 그대로 아래의 각 문자 A 혹은 B에 동그라미를 친다. 맨 하단에 동그라미 개수의 합을 적는다.

구분	경쟁 (강요)	협력 (문제해결)	타협 (배분)	회피 (철회)	양보 (원만함)
1				A	B
2		B	A		
3	A				B
4			A		B
5		A		B	
6	B			A	
7			B	A	
8	A	B			
9	B			A	
10	A		B		
11		A			B
12			B	A	
13	B		A		
14	B	A			
15				B	A
16	B				A
17	A			B	
18			B		A
19		A		B	
20		A	B		
21		B			A
22	B		A		
23		A		B	
24			B		A
25	A				B
26		B	A		
27				A	B
28	A	B			
29			A	B	
30		B			A
합계					

2) 갈등관리 유형

토마스－킬만(Thomas-Kilmann) 갈등관리 모델은 갈등상황에서 개개인의 대응 행동을 평가하는 개념적인 방법이다(그림 3－1). 토마스와 킬만은 갈등에 대응하는 행동유형을 식별하는 데 중요한 두 가지 축이 있음을 발견하였다. 그것은 바로 자신의 목표에 대한 관심과 상대와의 관계에 대한 관심이다. 여기서 자신의 목표에 대한 관심을 충족시키기 위해 노력하는 정도를 독단성(assertiveness)이라고 하고, 상대와의 관계에 대한 관심을 협력성(cooperativeness)이라고 표현하였다. 자신의 목표나 이해관계에 대한 열망이 더 크다면 경쟁대립형으로 반응하고, 타인과의 관계가 더 중요하다면 양보수용형으로 반응할 가능성이 커진다고 보았다.

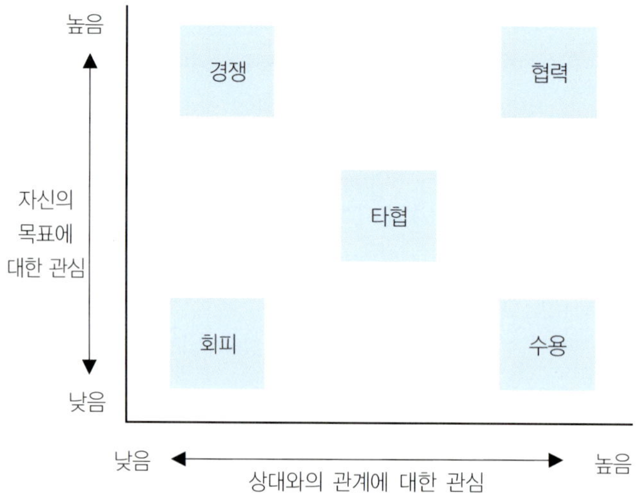

| 그림 3－1 | 토마스－킬만 차트

토마스－킬만은 이 두 가지 차원을 함께 고려하여 갈등에 대응하는 다섯 가지 유형으로 회피형(avoidance), 경쟁형(competition), 수용형(accommodation), 타협형(compromise), 협력형(collaboration)을 제시하였다. 김두열(2004)은 다섯 가지 갈등관리 유형에 대해 다음과 같이 설명하고 있다.

(1) 회피형 : '더러운 꼴 안 보고 살지 뭐'라는 행동형

문제에 직면하는 것을 미루거나 회피하면서 문제 인식을 갖지 않는다. 다른 사람의 기대에 동조하지 않는 것은 물론 자기주장도 관철하려 하지 않는다.

(2) 경쟁형 : '네가 죽든 내가 죽든 끝장을 보자'고 달려드는 형

다른 사람의 기대에 동조하는 수준이 매우 낮으며, 다른 사람을 희생시켜서라도 자신의 주장이나 기대를 관철시키려고 하는 의지가 강한 형이다.

(3) 수용(순응)형 : '지는 게 이기는 것이다. 다 맞춰주마'라는 형

경쟁형의 반대로, 다른 사람을 만족시키기 위해 자기 자신의 문제를 무시하고 다른 사람에게 동조하면서 자기희생도 감수하는 행동유형이다.

(4) 협력형 : '진정으로 갈등을 해결해 보자'며 허심탄회하게 마음의 문을 열고 문제의 원인을 직시하고 지혜를 모아 해결하는 형

회피형의 반대로, 다른 사람의 기대에 부응하여 동조하는 수준이 높은 동시에 자신의 기대를 관철하려는 의지도 높다. 따라서 문제를 해결하면서 동시에 다른 사람들의 협력까지 얻어내어 자신의 기대를 관철하려 한다.

(5) 타협(절충)형 : '이 세상 사는 게 뭐 별거 있나' 둥글게 둥글게 반쯤 챙기고 반은 양보하는 형

다른 사람의 기대와 자신의 기대를 조율하여 모두를 충족시키는 차선의 해결책을 모색하는 행동유형이다. 즉, 협력형이 최선책을 모색한다면 절충형은 모두를 만족시킬 수 있는 합리적 차선책을 모색한다고 볼 수 있다. 이러한 절충형은 안정적이라고 볼 수 있지만, 경우에 따라서는 모두 만족시키지 못하는 결과를 가져올 수도 있다.

3) 갈등관리 유형별 적용상황

갈등관리에 최고의 방법은 없다. 토마스-킬만이 제시한 갈등관리 유형의 핵심은 어떤 갈등관리 방법이 바람직한가에 대한 것이라기보다는 상황에 따른 선택의 여지가 무엇인지, 그리고 어떤 특정 갈등관리 방법만을 사용하는 사람이 가지고 있는 경향이 무엇인지를 파악하려는 것이다. 사실 갈등관리 유형은 사람들의 과거 성공체험, 철학 및 각성 등에 따라 선택이 달라지고 변해갈 수 있으며, 상황에 따라서는 모든 방법이 다 유용하다고 볼 수 있다. 따라서 이 방법들의 효과는 특정 상황의 요구조건과 사람들의 갈등관리 능력에 따라 다를 수 있다. 유형별 내용을 좀 더 상세히 살펴보면 다음과 같다(김두열, 2014).

(1) 회피형

회피형은 비자율지향적이고 비관계지향적인 갈등 대응방식이다. 다른 사람의 기대에 동조하지 않으면서 자기 자신의 주장도 내세우지 않는 도피적 태도로 갈등에 대응하는 유형이다. 회피형은 자신이나 다른 사람의 중요 사항에 대해 즉각적 반응을 피하거나 다른 사람들의 노력에 의해 더 나은 시기가 올 것으로 예상하고 위협적인 상황이 사라질 때까지 적당히 이슈에서 발뺌하는 갈등 대응방식을 말한다.

이러한 회피형의 특성은 갈등이 명백히 드러나는 데도 무시한 채 저절로 사라져 버리기를 기대한다. 일단 갈등이 표출되면 문제가 드러나지 않도록 우선 덮어두고 가급적 갈등이 외부에 노출되지 않도록 느리게 진행시킨다. 보안과 원칙을 강요하며, 자신뿐 아니라 다른 사람의 목표 달성마저 무시하고 늦추기도 한다. 일하던 도중 갑자기 연락을 끊고 나타나지 않는다거나, 하겠다고 말만 하면서 계속 시간을 끄는 행동이 대표적이다. 나도 안 하고, 상대방도 못하게 만드는 '나Lose－너Lose' 스타일이다.

회피형이 효과적인 상황

① 이슈가 하찮고, 중요성이 낮거나 다른 중요한 이슈가 있을 때
② 자신의 이해관계를 만족시킬 가능성이 없다고 생각될 때, 자신의 힘이 약하거나, 아니면 바꾸기 힘든 것들에 의해서 좌절될 때(국가 정책, 다른 사람의 성격)
③ 갈등을 겪을 때 예상되는 피해의 정도가 그것의 결과로 얻어지는 이득보다 훨씬 클 때
④ 생산적인 단계로 사람들의 긴장을 완화시키고 침착을 되찾을 필요가 있을 때
⑤ 즉각적인 결정을 통한 이익보다 정보를 모으는 일이 훨씬 많을 때
⑥ 이슈가 거의 필요 없거나, 다른 기본 이슈들의 징후가 될 때

(2) 경쟁형

경쟁형은 독단적이고 비협력적인 갈등 대응방식이다. 즉, 다른 사람의 희생을 통한 문제해결을 추구한다. 자신의 위치를 쟁취하기 위해 적절한 힘을 사용하는 방법으로 권력에 기반을 두고 있다. 경쟁형의 특징은 이기고 지는 상황을 만들고 어떤 수를 써서라도 상대에게 굴복을 강요하고 끝장을 본다. 상대방이 이기면 자신은 얻는 것이 없다는 생각으로 자신의 관심사와 목표를 달성하는 것을 최우선으로 한다. 내가 상대방을 이겨야 한다는 '나Win－너Lose'가 목표이다.

경쟁형이 효과적인 상황

① 신속하고 결정적 행동이 절실할 때 긴급조치로 사용

② 평판이 좋지 않은 중요한 이슈를 개선하고자 할 때 사용－가격 인하, 부당한 규칙이나 규정을 강요하는 데 저항할 때
③ 기관의 이익과 관련된 중요한 이슈들에서 자신이 옳다고 생각하는 바를 관철시킬 때
④ 비경쟁적인 행동을 악용하는 사람들로부터 자신을 보호하기 위해 필요할 때

(3) 수용형(순응형)

갈등 대응방식에서 '적응하기'는 자기주장을 관철하는 자율성이 매우 낮은 반면 다른 사람에 동조하는 관계성은 높은 유형이다. 이 유형은 '경쟁하기'의 반대 유형으로 갈등상황에 대응할 때, 다른 사람의 주장에 동조하여 자신의 주장을 포기한다. 이 방법은 자기희생의 요소가 있으며 하기 싫은 데도 다른 사람의 명령을 따르거나 혹은 다른 사람의 관점에 양보를 하는 식의 이타적인 친절이나 자선의 모습을 필요로 한다.

자기를 희생하며 본인의 요구와 바람은 덮어버리고 다른 사람의 주장과 목표를 만족시키는 '나Lose－너Win' 방식이다. 와튼 스쿨 경영대학원의 아담 그랜트(Adam Grant) 교수는 자신의 책 『Give and Take』에서 자신의 이익보다 다른 사람을 먼저 생각하는 사람을 기버(Giver)라고 표현하고, 이러한 기버들은 양보하고 배려하고 베풀고 조건없이 나눠주다 보니 성공 사다리의 맨 꼭대기에 오른다는 연구결과를 내놓았다(윤재준 역, 2003). "강한 자가 승리한다"는 성공의 오랜 미신을 뒤집는 혁명적 가설을 제시한 것이다.

수용형이 효과적인 상황

① 자신이 틀렸다고 느꼈을 때－보다 더 잘 듣기 위해서, 다른 사람들로부터 배우기 위해서, 그리고 당신이 도리에 어긋나지 않다는 것을 보여주기 위해서

② 자기 자신보다는 다른 사람에게 훨씬 중요한 이슈가 있을 때–다른 사람의 필요를 충족시키기 위해서, 그리고 협력적 관계를 유지하기 위한 일종의 호의적 차원에서
③ 자신에게 중요한 차후에 떠오르는 이슈들에 대한 사회적 신용을 쌓기 위해서
④ 계속된 경쟁이 당신의 명분을 손상시킬 때, 자신이 압도당하고 있거나 지고 있을 때
⑤ 조화를 유지하고 균열을 피하는 것이 특별히 중요할 때
⑥ 하위급의 사람들이 실험을 할 수 있도록 허용함으로써, 그들이 경영상의 개발을 돕고 그들의 시행착오로부터 배우기 위해서

(4) 타협형(절충형)

타협형은 갈등상황에서 자기지향적인 자율성과 타자지향적인 관계성을 모두 수용하여 중간입장에서 타협하는 유형이다. 부분적으로 양쪽 모두를 만족시키고 상호 인정할 수 있는 해결책이나 방법을 찾는 데 목적이 있다. 이것은 '경쟁하기'와 '순응하기'의 중간에 있다. '타협하기'는 '경쟁하기'보다 많은 것을 포기하지만 '순응하기'보다는 덜 포기하고, '회피하기'보다는 이슈를 더 직접적으로 제시한다. 그러나 '협동하기'처럼 최적의 대안을 찾기 위해 창조적으로 협력하고 깊게 파고들지는 않는다. '타협하기'는 양보를 서로 교환하거나 신속하게 중간의 접점을 찾는 것을 의미한다. 내가 하나 양보하고, 상대방도 하나 양보하거나, 어떤 것은 서로 포기하거나 유지한다. 승자도 없고 패자도 없는 'Mini Win–Mini Lose' 방식으로 가장 흔하게 쓰인다.

타협형이 효과적인 상황
① 목표들이 대체적으로 중요하지만, 독단적 방법을 취할 가치가 없을 때
② 비슷한 힘을 지닌 쌍방이 상호 배타적인 목표를 갖고 있을 때

③ 복잡한 이슈에서 일시적인 정착점을 이루고자 할 때
④ 시간이 촉박한 상태에서 해결방법을 찾으려고 할 때
⑤ 협력이나 경쟁이 성공을 거두지 못할 경우를 대비할 때

(5) 협력형

협력형은 갈등 대응방식이 자율지향적인 동시에 관계지향적이다. '협동하기'는 '회피하기'의 정반대 유형으로 양쪽 모두의 이해관계를 충족시키기 위해 상대방과 같이 최선의 해결책을 모색한다. 쌍방의 숨겨진 이해관계를 확인하고 이해관계를 만족시키는 최선의 대안을 찾기 위해서 이슈를 파고든다. 서로 간의 관점과 의견 차이를 찾아내서 상대와 함께 힘을 모아 창조적인 해결책을 모색하는 매우 적극적인 갈등관리 방법이다. 갈등 해결을 통해 양자는 모두 이득을 볼 수 있으며 장기적으로는 더 좋은 관계를 맺게 되는 '나Win－너Win'을 추구한다.

협력(협동)형이 효과적인 상황

① 양쪽 모두의 이해관계가 너무 중요해서 적당히 절충되기보다는 통합적인 해결책을 찾고자 할 때
② 배우는 것이 목적으로 자신의 가정을 확인하거나, 다른 사람의 관점에 대해 이해가 필요할 때
③ 문제에 대한 다양한 생각들을 반영할 필요가 있을 때
④ 다른 사람의 이해관계를 합의된 결정으로 이끌어 낼 때
⑤ 대인관계를 방해해 온 어려운 감정들을 처리할 때

이상에서 설명한 갈등관리 유형을 간단하게 정리하면 아래 <표 3－3>과 같다.

〈표 3-3〉 갈등관리 유형별 비교

유 형	목 적	자 세	논리적 배경	예상 결과	적용상황
회피형	갈등의 회피	나Lose — 너Lose	의견 불일치는 긴장을 유발하므로 좋지 않다는 입장	문제가 해결되지 않은 채 더 큰 문제가 생기는 원인 제공	이슈가 중요하지 않거나 자신의 이해관계를 만족시킬 가능성이 없을 때
경쟁형	자기 의견 관철	나Win — 너Lose	다소 관계가 불편해지더라도 내 입장을 지키는 게 우선	상대방이 모욕 당했거나 패배했다고 생각	비상시와 같이 신속하고 결단력 있는 행동이 필요한 경우
수용(순응)형	다른 사람과의 관계 계속 유지	나Lose — 너Win	조화로운 관계 유지가 최우선 과제	상대방이 결국 나를 이용	자신보다 다른 사람에게 훨씬 중요한 이슈가 있거나, 다음 문제 해결을 위해 사회적 신용을 쌓을 필요가 있을 때
타협(절충)형	신속한 합의	Mini Win — Mini Lose	질질 끄는 갈등은 사람을 힘들게 하고 혼란을 초래	참여자들이 신속한 해결을 위한 조건을 제시	복잡한 사항에서 잠정적 해결을 얻고자 하거나, 비슷한 힘을 지닌 쌍방이 상호 배타적 목표를 지향하는 경우
협력형	문제를 함께 해결	나Win — 너Win	양쪽 의견이 모두 중요, 과정과 결과가 동등하게 중요	문제 해결 가능성이 가장 높다	중요 사안에 대해 타협이 어려운 상황에서 통합적 해결책을 찾아야 하거나, 문제에 대한 다양한 생각을 반영해야 할 때

출처 : Thomas & Kiman(1974), 박원우(2010), 신군재(2015) 참조하여 작성.

갈등을 효율적으로 관리하고 해결하기 위해서는 협력과 통합(collaboration) 방식이 바람직하지만, 상황에 따라서는 달라질 수도 있어야 한다. 때로는 상대방의 의견과 주장을 수용해야 하고, 때로는 적정 수준에서 빠르게 타협할 수도 있어야 한다. 이처럼 갈등상황에 능동적으로 대처하기 위해서는 먼저 자기 자신이 어떠한 갈등관리 유형인지를 정확하게 알고 있어야 한다. 언제나 상대방의 요구에 맞추는 수용적인 태도가 강하다면 일과 대인관계에 대한 자신감 부족 때문은 아닌지 돌아볼 필요가 있다. 수용성이 높다는 것은 착하거나 선한 것과는 다르다. 정말 착하고 선하게 살 수 있기 위해서는 자신을 지켜주고 강해져야 한다.

또한 자신에 대한 이해와 함께 갈등상황에 놓인 상대방이 어떤 방식을 취하고 있는지, 아니면 어떤 유형인지도 알아야 한다. 상대방의 행동 동기와 그 목표를 알아야 적절한 대응을 할 수 있게 된다.

특히 여러 구성원을 이끌고 있는 조직의 리더라면 갈등관리 유형에 대한 이해가 더욱더 필요하다. 지속적으로 '수용(accommodation)' 방식을 취하는 팀원에게는 자신의 주장을 적절히 내보이면서도 협력이 가능하고, 그렇게 해도 관계가 깨지지 않는다는 것을 지적해 주어야 한다. 수용하는 사람을 이용하는 이기적인 팀원에 대한 관리도 필요하다. 갈등상황을 '회피(avoidance)'하는 사람에 대해서는 다시 상황 속으로 들어올 수 있도록 관리해야 한다.

우리는 일상생활을 하면서 언제나 갈등에 직면하게 된다. 갈등은 그 자체로 나쁜 것이 절대 아니다. 다만 갈등상황을 잘못된 방법으로 해결하려고 할 때 효율성이 떨어지고 문제가 지속되는 것이다. 갈등상황에 현명하게 접근한다면 갈등을 해결해 나가는 과정에서 목표 달성에 좋은 방법을 찾고 관계도 더 단단해질 수 있다. 우리가 살아가면서 갈등이 전혀 없어야 좋다는 것이 아니라, 발생한 갈등을 어떻게 해결해 나가느냐가 더 중요하기 때문이다.

PART 02

협상과 조정

CHAPTER 04

대안적 갈등해결(ADR)

1. ADR의 이해

1) ADR이란?

갈등을 해결하는 방법에는 갈등을 아예 회피하는 방식부터 당사자에 의한 해결, 제 3자를 통한 해결, 폭력행사와 같은 강제력을 동원하여 해결하는 방식까지 스펙트럼이 매우 넓다. 사람들은 일단 갈등이 발생하면 갈등을 회피(avoidance)함으로써 갈등이 스스로 소멸되도록 하려고 한다. 그러나 회피를 통한 갈등해결이 어렵다고 판단되면 비공식적 문제해결 토론(informal problem-solving discussion)에 나서게 되고, 이 과정에서 이익이 충돌되는 지점이 있으면 협상(negotiation)을 통해 합의를 모색하게 된다. 협상을 통해서도 합의가 이루어지지 않으면 제3자의 조력을 필요로 하게 되는데, 제3자에 의한 갈등해결 방법으로는 조정(mediation), 중재(arbitration), 재판(trial) 등이 있다. 이처럼 제도화된 갈등해결 기제에도 불구하고 갈등이 해결되지 않는다면 갈등당사자들은 폭력적 또는 비폭력적(불복종운동, 시위 등) 행동에 돌입하는 등 초법적인 강제력에 의한 갈등해결을 시도하게 된다.

이러한 일련의 갈등해결 과정들은 순차적으로 진행되는 경향이 있지만, 예전에는 대화와 협상을 통한 협력적인 해결방안보다는 갈등회피, 또는 폭력이나 재판 등과 같이 극단적인 방법이 많이 활용되어 왔다. 그러나 사회가 점차 복잡화・다원화되면서 갈등해결 방법도 전문화・다양화되고 있다. 특히 전통적 분쟁해결의 수단이었던 재판에 대한 불만이 심화되면서 소송의 단점과 한계를 극복하기 위한 대체적 방식으로서 대안적 분쟁해결(ADR : Alternative Dispute Resolution)이 주목을 받게 되었다.

이처럼 다양한 갈등해결 방법을 알기 쉽게 정리한 것이 ❙그림 4-1❙이다.

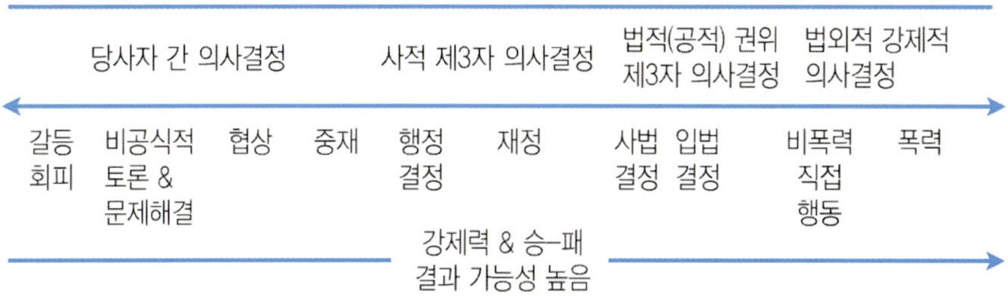

❙그림 4-1❙ **다양한 갈등해결 방법**

출처 : Moor(2003), 임동진(2012) 재인용.

대안적 분쟁해결(ADR)의 사전적인 의미는 법원의 소송에 의하지 않고 법원 외의 공정하고 중립적인 제3의 조정자로 하여금 분쟁을 해결하도록 하는 소송 외적 분쟁해결제도이다[출처 : 네이버 지식백과 대안적 분쟁해결(시사경제용어사전, 2017. 11)].

통상 대안적 분쟁해결은 법원 소송을 통하지 않고 이루어지는 분쟁해결 방법을 통칭하면서 소송대체적 분쟁해결제도, 판결 이외의 분쟁해결, 대안적 분쟁해결, 대체적 분쟁해결제도 등 다양한 이름으로 불리어 왔다. 초기에는 소송 이외의 방법을 통한 분쟁해결에 중점을 두어 왔으나, 최근에는 갈등당사자들의 참여와 협력 요구를 반영하여 대화와 타협을 통해 갈등과 분쟁을 근본적으로 해결할 수 있는 효과적인 갈등해결 방안이라는 의미에서 대안적 갈등해결(ADR : Alternative Dispute Resolution)이라는 용어를 사용하고 있다(김강민 외, 2018; 임동진, 2012).

따라서 대안적 갈등해결(ADR)은 재판 이외의 다양한 갈등해결 방법을 통해 갈등을 조기에 해결함으로써 갈등당사자들의 만족도를 높이고 사회적 비용도 줄이는 효과적인 갈등해결 방식이라고 정의할 수 있다.

2) ADR의 발전과정

미국에서는 1960년대 후반 베트남전 찬반논란과 민권운동 등으로 사회적 대립과 갈등이 고조되면서 '소송 폭발(litigation explosion)', '대립 사회(adversary society)' 라는 새로운 용어가 대두될 정도로 소송이 급증하였다. 또한 산업화 · 정보화로 인해 분쟁도 다양화 · 복잡화되고, 갈등해결 과정에 당사자 참여 요구까지 증가하면서 소송을 통한 분쟁해결에 많은 시간이 걸리게 되었다.

이처럼 전통적 분쟁해결 수단인 소송이 양적으로 증가하고 질적인 면에서 사건의 난이도가 심화되어 사건 처리가 지연되고 소송비용이 증가하자 민사재판에 대한 광범위한 불만이 제기되었다. 특히 소송내용에 전문가만 알 수 있는 고도의 기술적 문제가 포함되어 일반인들이 권리를 행사하는 데 제한을 받게 되었고, 가난한 사람들은 과도한 비용 등으로 소송절차에 접근하기조차 어려워졌다. 결국 절박한 당사자는 공정한 것보다 매우 불리한 내용으로 합의를 할 수밖에 없고, 극단적으로는 소액일지라도 사회적으로 가치 있는 주장을 하는 당사자가 소의 제기를 단념하게 된다는 것이다(사법정책연구원, 2016).

이러한 분위기 속에 1976년 미국 미네소타(Minnesota)주 세인트폴(Saint Paul)에서 '사법운영에 대한 대중의 불만 원인을 논의하는 전국 회의(National Conference on the Causes of the Popular Dissatisfaction with the Administration of Justice, 일명 Pound Conference)'가 개최되어 법원의 고비용 및 소송 지연 문제점에 대해 다각도로 논의하며 분쟁해결을 위한 새로운 방법을 모색하였다. 파운드회의에서는 소송 이외의 다양한 분쟁해결 방안으로 ADR을 주목함으로써 ADR 운동(ADR Movement)이 본격적으로 시작되었다.

이후 노동계를 중심으로 ADR 운동이 급격하게 확산되고 학계의 연구도 활발하게 축적되어 90년대는 ADR이 미국사회 거의 모든 영역에까지 확산되면서 'ADR 시대'를 활짝 열게 되었다. 법원의 경우 각 연방지방법원에 1개 이상의 ADR에 의한 분쟁해결 제도를 두고, 연방정부와 지방정부는 물론 민간차원에서도 많은 ADR기관이 운영되게 되었다. 실제 미국에서는 민사소송 사건의 90~95% 이상이 ADR에 의해 해결되고 5% 정도만이 판결에 의해 해결되는 상황으로 발전하였다(함영주, 2010). 더 나아가 미국에서는 이미 대안적 분쟁해결이 하나의 규범으로 자리잡아 오히려 소송은 아주 부유하거나 특별한 사람들을 위한 제도로 인식되기도 한다(Acland, 1995; 김강민 외, 2018 재인용).

이처럼 ADR이 급격히 발전하고 확산되자 2000년대 들어서 세계 각국에서는 갈등해결 수단으로서 ADR의 중요성을 인식하고 관련법에 대한 입법을 적극 지원하고 있다.

3) ADR의 특징과 장단점

(1) ADR의 특징

대안적 갈등해결(ADR)은 소송 이외의 다양한 갈등해결 수단을 총칭하는 개념이므로 모든 ADR 절차의 특징을 일반화하기는 어렵다. 그러나 ADR이 소송의 단점이나 한계를 극복하기 위해서 태동한 제도라는 점에서 소송과 대비함으로써 그 특징을 개괄적으로 살펴볼 수 있다. 이러한 점에서 ADR의 특징을 살펴보면 다음과 같다(김경배, 2005; 김상태, 2009; 안순철 · 최창섭, 2003).

첫째, 소송에 비하여 저렴한 비용으로 신속하게 갈등을 해결할 수 있다.

둘째, 소송에서는 당사자가 절차에 거의 관여하지 못하나 ADR에서는 당사자 본인들의 의사결정이 존중된다.

셋째, 특정 갈등 분야에 전문성이 부족한 법관 대신에 해당 분야에 전문지식을 갖추고 있는 전문가에 의하여 갈등을 해결할 수 있다.

넷째, 소송에서는 승자와 패자만을 결정하여 협력적 결과의 가능성이 적으나 ADR에서는 상호이익이 되는 Win-Win적 해결이 가능하다.

다섯째, 소송에서는 공개주의를 원칙으로 하나 ADR에서는 비공개주의를 원칙으로 하여 갈등당사자의 비밀 누출을 방지할 수 있다.

여섯째, 소송이 공적이고 강제적인 갈등해결 절차인 데 반해 ADR은 자주적이고 비형식적인 절차로 갈등을 해결한다.

이처럼 ADR은 법원 소송 건수의 증가에 따른 처리 지연 불만 해소, 소송보다 저렴한 비용, 가능해진 비밀유지, 갈등해결 과정에서의 자기결정권 보호 등의 이유로 많은 갈등당사자뿐만 아니라 법원 내에서도 각광을 받게 되었다.

(2) ADR의 장단점

ADR이 미국을 비롯한 서구 사회에서 급속히 확산된 가장 큰 이유는 갈등해결의 효용성, 효과성, 신속성 때문이다. 특히 갈등해결에 소요되는 사회적 비용이 감소한다는 것이 가장 큰 장점이다. ADR을 통해 갈등을 해결할 경우 재판이라는 복잡한 과정을 거치지 않음으로써 인건비와 같은 실질적인 비용뿐만 아니라 시간 절약 등을 통해 기회비용까지도 절감할 수 있다. 즉, 대안적 갈등해결 방식이 활성화될 경우 다양해지고 복잡해지는 사회 속에서 발생하는 다양한 갈등을 해결하는 데 소요되는 각종 사회적 비용을 감소시킬 수 있게 되었다.

이처럼 정부부문이나 민간부문에서 갈등당사자들이 갈등해결을 위해 ADR을 활용하면서 여러 가지 편익이 발생하게 되었다.

주요 편익에는 ① 시간절약(time saving), ② 비용절약(money saving), ③ 예측가능성과 자기결정권(greater predictability and self-determination), ④ 대안의 창의성 확대(greater creativity), ⑤ 당사자 간 관계향상(improved relationship), ⑥ 만족도

향상(increased satisfaction), ⑦ 학습의 기회, ⑧ 복잡한 문제해결에 유연성 확보, ⑨ 실질적 이익 증진 및 비밀유지가 가능하다는 점 등이 있다(안순철 · 최창섭, 2003; 최승필, 2009).

이를 바탕으로 ADR 옹호론자들은 갈등을 효율적으로 해결한다는 것은 저렴한 비용으로 신속하게, 종국적으로, 공정한 절차에 의하여, 당사자들에게 만족감을 주는 방향으로 해결해야 하는 것이며, 이러한 점에서 ADR은 아주 효율적인 갈등해결 방법이라고 주장하고 있다.

이상에서 언급한 바와 같이 ADR이 많은 장점을 가지고 있음에도 불구하고 ADR을 민간부문이 아닌 정부부문에서 활용하는 데는 여러 가지 장애요인이 있다(임동진, 2010).

첫째, 정부의 소송은 타협이나 조정이 쉽지 않다는 원칙과 관련이 있다. 민간기업은 다양한 방법을 활용하여 갈등을 해결할 수 있지만, 정부는 법을 준수해야 하고, 의사결정의 일관성과 통일성을 유지해야 하는 제약요인이 있어 ADR 과정에서의 유연성을 확보하기가 어렵다.

둘째, 정부의 규모와 계층적 구조는 갈등해결의 권한을 가진 고위공무원들이 ADR 과정에 참여하는 것을 어렵게 한다. 협상은 최종 권한을 가진 사람이 참여해야 하는데 정부의 경우 구조적으로 그렇게 할 수 없는 한계가 있다.

셋째, 정부활동에 대한 일반대중의 알 권리와 ADR 과정에서 비밀유지(confidentiality) 간의 갈등이 발생할 수 있다. ADR은 갈등당사자들이 외부에 노출되는 것을 의식하지 않을 때 효과를 거둘 수 있기 때문에 민간당사자들 간에는 비밀유지 합의가 용이하다. 그러나 정부가 당사자일 경우에는 시민들이 정부가 어떤 거래를 통해 갈등을 해결하는지 관심이 많아 비밀유지가 쉽지 않다.

2. ADR의 유형

대안적 갈등해결(ADR)은 매우 다양한 형태로 이루어지고 있다. 그러다 보니 ADR의 유형을 분류하는 방식도 다양하다. 여기서는 대표적인 분류기준으로 알려진 ADR 활용기법에 따른 방식과 주관기구를 기준으로 분류하는 방식으로 나누어 설명하고자 한다.

첫째, ADR 활용기법에 따른 분류이다. 대안적 갈등해결 방법은 크게 협상, 조정, 중재로 분류할 수 있다. 물론 협상, 조정, 중재를 제외한 기타 여러 가지 대안적 갈등해결 방법을 활용한 혼합형 모델도 있다.

먼저 협상(negotiation)은 둘 이상의 당사자들이 토론과 교섭을 통해 갈등을 해결하기 위해 시도하는 비공식적 과정이다. 갈등당사자들의 자발적인 합의와 대화로 갈등을 해결한다는 점에서는 조정과 유사하다. 그러나 협상과정에 제3자인 조정자가 참여하지 않는다는 점에서 차이가 있다. 결과에 대한 법적인 효력이 없고 결정의 모든 책임을 갈등당사자의 자유의사에 맡기고 있다. 협상이 결렬되면 소송이나 중재 같은 엄격한 방법을 선택할 수도 있다.

다음으로 조정(mediation)은 중립적인 제3자가 촉진자로 참여하여 당사자들 사이의 갈등 해결을 도와준다. 여기서 제3자인 조정자는 중재자와 달리 갈등당사자들이 갈등을 해결하는 과정에 조언자 또는 자문 역할만 수행하고 최종 결론은 갈등당사자들이 합의로 결정하도록 한다. 따라서 조정은 갈등해결에서 가장 비적대적인 접근방법이며, 당사자들이 직접 소통하며 해결하도록 권장하는 방식이다. 조정은 법적 효력이 인정되지 않는 경우가 많으며, 제3자가 갈등해결을 위한 권한이 거의 없다는 점에서 중재와 가장 큰 차이를 보이고 있다. 하지만 조정은 Win-Win합의를 통해 사회적 비용 절감은 물론 갈등당사자들의 만족도까지 높이는 장점이 있어 ADR 발전에 중추적 역할을 하고 있다.

마지막으로 중재(arbitration)는 중립적인 제3자가 갈등당사자들의 동의하에 협상에 개입하여 양측의 주장을 듣고 최종 결정을 내림으로써 갈등당사자들이 쉽게 해결점에 도달할 수 있도록 도와주는 갈등해결 방법이다. 중재는 제3자인 중재자에게 전권을 위임하고 그 결과에 승복하는 형태로, 소송과 유사하지만 덜 공식적이며 반드시 법적인 효력이 있는 것은 아니라는 점에서 소송과 차이를 보이고 있다. 규칙은 당사자들의 합의로 결정되며 증인심문, 증거제출, 현장방문 등의 절차가 포함될 수도 있다.

ADR의 핵심인 협상, 조정, 중재와 재판의 관계를 살펴보면 **| 그림 4-2 |** 와 같다.

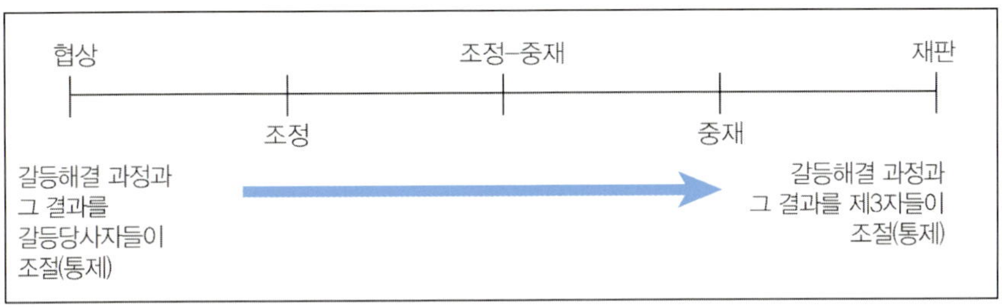

| 그림 4-2 | ADR 개념의 스펙트럼

출처 Davis(2001), 임동진(2012) 재인용.

이러한 협상, 조정, 중재를 제외한 기타 여러 가지 대안적 갈등해결 방식을 활용하는 것을 통칭하여 혼합적 모델이라고 한다. 이 혼합적 모델에는 ① 사적 재판(private judging), ② 사실확인(fact-finding), ③ 약식심판(minitrial), ④ 옴부즈만(ombudsman), ⑤ 약식배심재판(summary juri trial), ⑥ 협상된 규칙제정(regulatory negotiation), ⑦ 조정-중재(med-arb), ⑧ 다단계(multi-step), ⑨ 이중접근법(two-track approach) 등이 있다(김강민 외, 2018).

이들 혼합적 대안적 갈등관리모델의 내용을 정리하면 <표 4-1>과 같다.

〈표 4-1〉 혼합적 ADR모델

ADR 유형	ADR 방법
사적 재판 (private judging)	• 신속한 판결을 위해 퇴임판사를 고용하여 비공개리에 사적으로 재판을 받아보는 퇴임판사 프로그램(rent-a-judge-paogram) • 많은 비용 소요로 부유층에만 제한적으로 활용 비판
사실확인 (fact-finding),	• 중립적인 제3자가 공정하게 사실을 확인하고 보고서를 제출하여 당사자 또는 대리인 간 협상 지원 • 최종 결정을 위한 사전조사로 활용
약식심판 (minitrial)	• 당사자들이 분쟁 주제의 전문가를 조정자로 고용해서 자문을 받아 당사자들이 분쟁을 해결 • 소송, 조정, 중재의 특성이 모두 혼합된 화해절차
옴부즈만 (ombudsman)	• 옴부즈만은 시민청원에 대해 독립적인 사실조사를 통해 적절한 조치를 건의하는 사실 조사자를 지칭 • 행정권의 남용과 부정을 감시하는 제도에서 시작하여 학교와 기업 등 사회조직까지 확대되어 기관의 갈등해결 장치로 기능
약식배심재판 (summary juri trial)	• 정식 재판을 받을 경우 판사가 어떤 반응을 할 것인지 알아보기 위해서 정규배심원단에서 선정한 자문적 배심원(통상 6명)에게 요약된 증거를 제시하고 평가를 받는 소송 초기단계 포럼 • 판사가 재판 전 화해를 위한 최종 시도로 종종 사용
협상된 규칙제정 (regulatory negotiation)	• 행정기관이 규칙을 제정하기 전에 이해관계자들과 사전 협상을 통해 의견을 수렴하는 절차 • 25명 정도의 이해관계자로 구성된 협상위원회에서 규칙 입법예고안을 만장일치로 합의(미국, Negotiated Rulemaking Act of 1990)
조정-중재 (med-arb)	• 조정과 중재가 혼합된 절차 • 제3자가 조정절차를 진행하다 교착상태에 빠지면 구속력 있는 중재안을 제시하여 갈등을 해결
다단계 (multi-step)	• 분쟁당사자들이 특별한 분쟁이 발생할 경우 시행할 분쟁해결 절차를 계약조항에 포함시켜 분쟁을 단계적으로 해결 • 통상 1단계 협상, 2단계 조정, 3단계 중재, 사적재판 또는 소송
이중접근법 (two-track approach)	• ADR과 소송을 연계해서 동시 진행 • 소송에 참여하지 않는 갈등대상자들을 상대로 협상 등을 통해 합의

둘째, ADR을 주관기구별로 구분하는 방식이다. 대안적 갈등해결(ADR)을 제공하는 주관기구를 기준으로 구분할 경우 사법형 대안적 갈등해결(ADR), 행정형 대안적 갈등해결(ADR), 민간형 대안적 갈등해결(ADR)로 구분할 수 있다.

사법형 ADR은 법원이 주관하여 소송 이외의 방법으로 갈등을 해결하는 대안적 갈등해결 방식을 의미한다. 통상 법원이 직접 진행하는 법원 부속형 ADR과 법원 외부에서 법원을 통해 진행하는 법원 연계형 ADR로 구분할 수 있다. 법원 부속형 ADR으로는 법원 조정(court-annexed meditation), 법원 중재(court-annexed arbitration)와 재판상 화해(conciliation) 등이 있다. 법원 연계형 ADR로는 약식심판(minitrial), 약식배심재판(summary juri trial), 사적 재판(private judging) 등이 있다. 또한 소송과 ADR의 시간적 관계나 순서에 따라 재판 선행형 ADR과 재판 병행형 ADR로 나눌 수 있다. 소송을 제기하기 전에 행정형 또는 민간형 ADR을 이용하거나 법원의 민사조정을 진행하는 것이 재판 선행형 ADR이다. 재판 병행형 ADR로는 재판이 진행중인 사건에 대해 ADR이 진행되거나 ADR이 진행중인 가운데 조정 등 재판이 진행되는 것을 의미한다.

행정형 ADR은 행정부 또는 행정부 산하기관에 설치된 각종 위원회에서 다양한 방법으로 갈등해결을 시도하는 것을 말한다. 미국의 경우 각종 입법을 통해 연방정부가 ADR의 제도화에 선도적 역할을 수행하도록 하여 행정형 ADR이 실제생활에서 가장 많이 활용되고 있다. 미 행정부에서 현재 사용하고 있는 ADR의 종류에는 조정, 중재를 비롯해 퍼실리테이션(facilitation), 화의조정협의(settlement conference), 파트너링(partnering), 갈등코칭(conflict coaching), 협상에 의한 규칙제정(negotiated rulemaking), 합의형성(consensus building), 공공참여(public participation), 옴부즈만(ombudsman) 등이 있다(박철규, 2016 재인용).

마지막으로 민간형 ADR은 민간분야의 기관이나 단체 또는 개인이 화해, 조정, 중재 등을 활용하여 민간분야 갈등당사자들 간의 갈등해결을 시도하는 것을 의미한다. 미국에서는 ADR 자체가 하나의 산업을 형성하여 비영리단체의 형태뿐만 아니라 영리기관으로도 충분히 자생능력을 가지고 운영되고 있다(박철규, 2016 재인용).

3. ADR 활용실태

1) 우리나라 ADR 현황

소송을 통해 분쟁을 해결하려 하다 보면 사실상 불법임에도 법적 근거가 미흡하다는 이유로 문제가 묵살되어 이로 인해 폭력사태까지 발생하는 경우도 있다. 또한 행정기관 등에서는 소청심사위원회, 고충처리위원회, 권익위원회 같은 내부분쟁해결기구를 마련하여 소송을 거치지 않고 분쟁을 해결하도록 절차를 마련하고 있으며, 법원에서도 소송 전에 이러한 방법을 적극 활용할 것을 요구하기도 한다. 하지만 이러한 내부분쟁해결기구들은 중립성에 문제가 있다는 이유로 신뢰하지 않는 경우가 많다. 그렇다고 해서 바로 소송으로 가는 것도 분쟁당사자들에게는 많은 부담이 된다. 그러다 보니 법원 소송으로 가더라도 먼저 ADR을 활용하고자 하는 그룹들이 점차 증가하고 있다.

미국의 경우 1970~1980년대 ADR운동을 거치면서 노동계를 중심으로 수많은 ADR 현장 경험이 축적되고 학계에서도 활발한 연구가 진행되어 현대적 갈등해결 프로세스가 다양하게 개발되었으며, 1980~1990년대에 제도화과정을 밟아 1990년대에는 ADR이 확고한 갈등해결 시스템으로 자리를 잡게 되었다.

반면 우리나라에서는 ADR이 법원과 행정부 등 매우 제한적인 분야에서 활용되는 등 아직 초기단계에 있다고 볼 수 있다. ADR 시행에 주도적 역할을 하는 법원이 대표적 ADR인 조정제도를 1990년대 초에 도입했으나, 민사소송 중 조정신청 비율이 1%에도 미치지 못하고 있다. 이에 법원이 법원조정센터 개설, 조기조정제도(early mediation, 재판부가 민사사건 중 조정적합사건을 선별하여 조정회부)를 도입하는 등 조정활성화 방안을 강구하고 있다. 또한 법원 부속형이나 법원 연계형 조정도 계속 확대하고 있으나, 법원 연계형 조정 이외에 해당 기관의 독자적인 조정과 시행은 노동분쟁, 환경분쟁 등 극소수 분야를 제외하고는 매우 미흡한 실정이다. 더구나 민간 ADR 기구들이 분쟁을 직접 접수하여 분쟁해결 서비스를 제공하기에는 전문가 양성과 인식의 부족으로 아직 걸음마 단계에 있다(원창희, 2016).

그럼에도 불구하고 최근 ADR은 한국사회에서 지속적으로 활성화되고 있는 추세인데, 이에 대한 이유는 다음 네 가지를 들 수 있다.

첫째, 갈등당사자들은 점점 더 신속하고, 간단하고, 비밀스럽고, 저렴한 갈등해결 방법을 원하고 있다.

둘째, 법조계는 법원서비스를 상거래분쟁과 같이 복잡한 분쟁에 집중하기 위해 소비자 불만이나 가족문제와 같이 간단한 문제에 대해서는 다른 적절한 방법을 모색하게 되었다.

셋째, 시민사회운동가들은 급증하는 소송 비용을 감당할 수 없는 사회적 약자들에게도 정의가 적용될 수 있기를 바라고 있다.

넷째, 갈등당사자들의 자기결정권 등 기본적 욕구를 충족시켜 더 만족스러운 결과를 얻으려는 새로운 갈등해결 기법 개발에 대한 요구가 증가하고 있다.

현재 우리나라에서 운영되고 있는 ADR 기구는 사법형 ADR, 행정형 ADR, 민간형 ADR로 구분되고 있다. 법원이 주관하는 사법형 ADR로는 민사조정(지방법원)과 가사조정(가정법원)이 있다. 민사조정은 1960년대부터 시행되었으나 1990년 2월 민사조정법이 제정되어 법원에서 재판의 판결을 대체하는 조정이 정식으로 도입하게 되었다. 이후 조정전담법관 설치(1993년 3월)에 이어 법원조정센터가 신설(2009년 4월)되고 조기조정제도도 도입(2010년 5월)되는 등 조정 활성화를 위한 노력이 계속되고 있다. 가사조정의 경우 1990년 12월 제정된 가사소송법에서 민사조정법상의 조정규정을 준용하도록 함으로써 정식으로 실시되게 되었다. 특히 가사조정은 민사조정과 달리 조정전치주의를 택하고 있어 가정법원에 소를 제기하거나 심판을 청구하는 경우 먼저 조정을 신청하도록 하고 있다. 이는 가사분쟁 해결에서 전통적인 소송보다는 ADR인 조정을 우선시한다는 의미를 지니고 있다.

행정형 ADR기구는 정부부처 등이 법령에 근거하여 설치한 분쟁해결기구로 행정기관자체에 설립된 조정기구와 특별법에 의해 행정기관의 산하기관에 설치된 위원회로 구분할 수 있다. 먼저 행정기관자체에 설립된 조정기구로는 건설분쟁조정위원회(국토교통부), 환경분쟁조정위원회(환경부), 노동쟁의조정위원회(고용노동부), 의료심사조정위원회(보건복지부), 금융분쟁위원회(금융감독원), 산업재산권분쟁위원회(특허청) 등이 있다. 또한 특별법에 의해 행정기관의 산하기관에 설치된 행정형 분쟁조정위원회는 공정거래조정원(공정거래위), 소비자분쟁조정위원회(한국소비자원), 전자문서·전자거래분쟁조정위원회(한국인터넷진흥원), 개인정보분쟁조정위원회(개인정보보호위원회), 언론중재위원회(언론중재위원회) 등이 있다.

마지막으로 민간형 ADR은 민간기관이 화해, 조정, 중재 등을 활용하여 민간 부문 분쟁당사들 간의 분쟁을 해결하는 기구다. 이러한 민간형 ADR 기구로는 대한상사중재원을 비롯하여 한국가정법률상담소, 소비자단체협의회의 자율분쟁조정위원회, 한국거래소(KRX) 시장감시위원회의 분쟁조정심의위원회 등이 있다.

최근에는 사법부에서 법원 연계형 ADR을 확대하면서 서울지방변호사회, 대한법무사협회 등 법조직영단체에서 조정·중재센터를 운영하고 있으며, 한국기독교 화해중재원과 대한불법화해중재원과 같이 종교단체에서도 분쟁해결기관을 운영하고 있다(사법정책연구원, 2016).

2) 이웃분쟁해결센터

우리나라도 2000년대 들어서 지방화·분권화가 급속하게 진행되면서 사회 각 분야에서 갈등이 급증하였고, 이를 해결하기 위해 다양한 분야에서 대안적 갈등해결(ADR)이 시도되고 있다. 하지만 ADR의 대상이 공공갈등이나 집단갈등, 개인과 집단 또는 국가와의 갈등을 관리하는 데 치중하다 보니 개인 간의 갈등은 당사자 간 합의나 소송에 맡기는 수밖에 없었다. 특히 우리나라는 아파트, 빌라, 다세대 등 공동주택비율이 70%가 넘는 주거환경 속에서 주민관계마저 단절되다 보니 이웃 간의 문화적 갈등이나 이해관계의 충돌 등으로 주민 간의 갈등이 급증하게 되었다. 심지어 층간소음 갈등이 폭력, 방화, 살인과 같은 극단적인 분쟁으로까지 번지는 등 심각한 사회문제로 대두되면서 이웃분쟁에 대한 관심이 높아지고 있다.

이웃분쟁은 지역사회에서 발생하는 주민들 간의 갈등으로 ① 개인 대 개인 갈등, ② 집단화된 주민들의 집단 간 갈등, ③ 주민과 분쟁유발 주체(행정주체, 공공기관 등)와의 갈등을 포함한다.

이러한 이웃분쟁은 공동주택의 층간소음을 비롯하여 주차 시비, 흡연문제, 관리비 분쟁과 반려동물 사육, 누수, 쓰레기 무단 투기, 에어컨 실외기 소음을 둘러싼 갈등과 같이 개인적 문제로부터 공사장의 소음·진동·먼지, 일조권이나 조망권 문제, 마을버스 노선, 아파트 진입로 갈등, 항공기 소음, 기피시설 입지갈등 같은 공적인 갈등에 이르기까지 매우 다양하다. 최근에는 외국인 이주민과의 갈등, 태양광 발전을 둘러싼 갈등까지 사회적 변화에 따른 갈등까지 새롭게 생겨나고 있다.

이처럼 지역사회 내에서 발생하는 주민생활과 관련된 분쟁을 소송 이외의 방법으로 간편하게 해결하고자 하는 것이 Community Mediation(주민주도 갈등조정)이다. 이는 지역사회에서 주민들의 크고 작은 갈등에 대해 주민들로 구성된 조정기구에서 문제가 더 커지기 전에 자율적으로 해결하여 이웃 간의 관계도 회복하고, 지역민들이 서로 조화롭게 더불어 사는 지역사회를 가꾸어 나가자는 취지로 시작되었다. 또한 대인관계에서 일어나는 갈등이나 사회적인 다툼은 법률시스템이 개입할 필요가 없다는 생각에서 비롯된다고 할 수 있다(Lopukas A. Mistelis, 2001, 박철규, 2016 재인용).

이러한 주민주도의 갈등조정기구인 Community Mediation은 ADR 도입 초기인 1978년 미국 정부가 이웃 간의 갈등을 완화하기 위해 설치한 이웃분쟁해결센터(Neighbourhood Justice Center)가 대표적인 사례이다. 이후 영국, 오스트레일리아, 캐나다 등 선진국은 물론 싱가포르, 말레이시아, 네팔 등 아시아지역까지 확산되었다. 이처럼 이웃 간의 갈등완화를 위해 도입했던 Community Mediation이 이제는 지역사회의 갈등해결 프로그램으로 자리를 잡아가고 있다.

이러한 주민주도 갈등조정(Community Mediation)에서 가장 중요한 것은 주민자율조정기구라고 볼 수 있다. 이 기구는 지역사회 내부의 주민 중 참여를 희망하는 자원봉사자들로 구성된다. 이들은 이웃 간 갈등의 속성과 갈등 진행과정, 갈등의 이면까지 속속들이 알 수 있는데다 합리적 해결을 위한 자신들만의 고유한 속성을 잘 이해하고 있어 갈등조정에 적임자라고 볼 수 있다. 하지만 조정에 대한 전문지식과 경험이 부족하여 이에 대한 별도의 교육훈련이 필요하다.

최근 우리나라에서도 주민주도 갈등조정(Community Mediation)에 대한 관심이 높아져 각 지자체에서 이웃분쟁해결센터를 설립하거나, 주민분쟁 조정전문가를 조직적으로 양성하고 동 주민센터 내 주민자율조정기구를 설치하는 등 이웃분쟁을 해결하기 위한 생태계 구축에 적극 나서고 있다. 서울시가 2013년 은평구 뉴타운 시범아파트에 주민자율조정위원회 운영 지원에 나서 산하 4개동에 '주민자율조정센터'가 처음으로 구성되었다. 이후 광주광역시가 2015년 9월 행정주도형 주민갈등 조정기구인 '광주마을분쟁해결센터'를 설립한 이후 서울시(2016년 2월)의 '서울이웃분쟁조정센터', 인천시 부평구(2017년 2월)의 '갈등관리힐링센터'가 설치되는 등 지방자치단체 차원에서 지역사회 주민주도의 갈등조정 시스템이 본격적으로 도입되고 있다.

CHAPTER 05

협 상

1. 협상의 개념

협상은 갈등관리에서 가장 고전적이고 보편적으로 사용되는 갈등해결 수단으로 사용되어 왔다. 갈등이 보편화되고 일상화되어 우리 생활의 일부가 되다 보니 이제는 협상 없이는 아무것도 할 수 없게 되었다. 가정이나 직장에서 싫든 좋든 협상을 하지 않을 수 없고, 또한 협상하고 있다는 사실을 전혀 의식하지 못한 채 협상을 하고 있다. 이처럼 협상이 일상생활에서 광범위하게 사용되다 보니 협상에 대한 개념 정의도 학자에 따라 매우 다양할 수밖에 없다.

협상(negotiation)의 사전적 정의를 살펴보면 '타결 의사를 가진 둘 또는 그 이상의 당사자 사이에 양방향 의사소통(communication)을 통하여 상호 만족할 만한 수준으로의 합의(agreement)에 이르는 과정'이라고 설명하고 있다(출처 : 네이버 지식백과, 매일경제, 매경닷컴). 또한 많은 학자들이 협상을 정의한 내용을 살펴보면 ① 이해관계, ② 쌍방향 의사소통, ③ 공동의 문제해결 등 세 가지가 공통적으로 포함되어 있다. 따라서 협상은 둘 또는 그 이상의 이해당사자가 상대방과의 협력적인 공동 의사결정과정(joint decision making process)을 통해 문제를 해결하거나 합의에 도달함으로써 자신의 본질적 이해를 증진시키는 행위라고 정의할 수 있다.

우리는 일상생활에서 협상(negotiation)과 흥정(bargaining)을 구분 없이 사용하고 있다. 물론 상대방과 공동의 의사결정을 통해 합의에 도달한다는 의미는 같지만, 협상은 그 합의를 통해 양측의 본질적 이해를 증진시키는 반면, 흥정은 제로섬 게임(zero-sum game)이 되어 한쪽이 이익을 본 만큼 상대방에게는 손해가 발생한다. 따라서 파트너십(partnership)의 존재 유무가 바로 협상과 흥정의 차이라고 볼 수 있다.

❙그림 5-1❙은 갈등해소 과정에 얼마만큼의 강제성이 있느냐를 기준으로 갈등관리 유형들을 구분한 것이다.

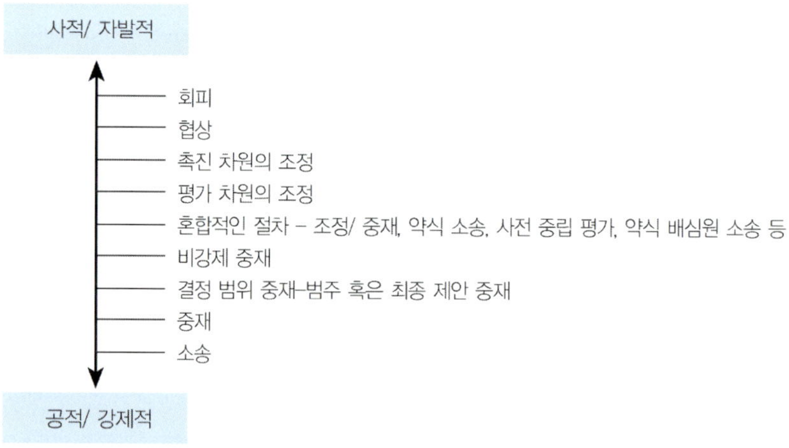

❙그림 5-1❙ 갈등해소 과정의 유형구분

출처 : 김영욱(2008).

소송이나 중재가 공적이며 강제적인 갈등관리 수단인 반면 협상이나 조정은 상대적으로 사적이고 자발적인 갈등관리 수단이다. 특히 협상은 조정이나 중재와 달리 제3자의 개입이나 판단을 포함하지 않는다. 따라서 협상은 당사자들이 자발적으로 합의를 통해 문제를 해결하는 과정이며, 협상당사자들은 각자 만족스러운 결과를 얻기 위해 상대방과 충분한 정보교환을 하며 서로를 설득하려고 적극적으로 노력해야 한다. 또 협상은 조정, 중재 과정에서도 기본적으로 적용되는 과정이므로 갈등해소 과정에 제3자가 개입하더라도 해결

방법의 중심에는 반드시 갈등당사자 간의 협상이 있기 마련이다. 이처럼 협상은 당사자들의 공동 의사결정과정이기 때문에 기본적으로 자신의 위치에 집착해서는 갈등을 해소하기 어렵다. 협상에서는 자신의 위치에서 벗어나 좀 더 통합적이고, 문제해결에 집중하며, 유연한 사고를 가지고, 가치를 창조하는 태도가 필요하다.

2. 협상의 구성요소

협상을 구성하는 요소는 크게 나누어 당사자, 이해관계, 커뮤니케이션, 협상력, 협상결과 등으로 볼 수 있다(원창희, 2016).

첫째, 협상의 주체는 바로 당사자들이다. 여기서 당사자는 협상 결과에 직접적인 이해관계가 있는 개인이나 집단을 의미한다. 협상적 상황이 성립되려면 둘 또는 그 이상의 당사자가 반드시 존재해야 한다.

둘째, 상반되거나 공통적인 이해관계가 존재해야 한다. 당사자들이 공통된 이해관계를 갖고 있다면 합의에 대한 공감대가 쉽게 형성될 수 있어 협상타결 가능성이 높아진다고 볼 수 있다. 이해관계가 상반될 경우에는 경쟁과 투쟁이 목표 달성의 수단이 되어 협상이 비효율적으로 전락할 가능성도 있지만 오히려 효율적인 합의 도달의 방편이 될 수도 있기 때문에 협상타결 가능성을 낮게만 보아서는 안 된다.

셋째, 협상 과정에서의 커뮤니케이션이다. '커뮤니케이션'을 우리말로 번역하면 '의사전달' 또는 '의사소통', '정보의 흐름'이라고 하는데 한 방향으로의 흐름이 아니라 상호 교류하는 과정(two-way process)이라는 뜻이 내포되어 있으므로 '의사소통'이라고 하는 것이 적절한 표현이다.

넷째, 협상당사자가 보유하고 있는 협상력(negotiation power)이다. 협상력이란 상대방을 자기가 원하는 쪽으로 끌어당기는 힘을 말한다. 협상력은 협상 과정에서 자신이 원하는 결과를 만들어 낼 수 있는 능력으로 협상자원을 얼마나 효과적으로 동원하며 협상목표를 달성하는 데 적절히 사용하는가에 따라 그 크기가 결정된다.

다섯째, 협상의 결과이다. 협상당사자들이 가장 관심을 가지는 것은 '협상이 어떻게 결론이 나느냐'이다. 한쪽이 일방적으로 승리하거나 양쪽이 중간지점에서 타협할 수도 있다. 또한 양쪽이 모두 자기가 원하는 바를 얻을 수도 있고, 양쪽이 중간에서 적절히 양보하여 타협이 이루어지기도 한다. 이러한 협상의 결과물은 자신과 상대방의 협상력에 의해 결정된다. 자신의 협상력이 약할수록 패배하거나 손해를 볼 수도 있으며, 강할수록 승리하거나 이익을 볼 수 있다. 그러나 양쪽이 모두 협상력이 강하다면 승패가 한쪽으로 치우치지 않겠지만 상호 협력 여부에 따라서는 승승, 패패, 타협 등의 결과를 예상할 수 있다(원창희, 2016).

3. 협상의 유형

협상은 복수의 이해당사자들이 서로 자신의 목표 달성을 목표로 의사소통을 하는 과정이기 때문에 협상에 임하는 사람의 성격이나 마음가짐, 주변 상황과 여건 등에 따라 협상에 임하는 접근방법이 매우 다양하게 나타날 수 있다. 어떤 협상에 임하든 항상 경쟁적이고 투쟁적인 사람이 있는 반면, 아주 수용적이고 협력적인 사람도 있다. 또 동일한 사람일지라도 협상의 사안이나 환경에 따라 협상에 임하는 태도가 달라질 수 있다. 평소에 수용적이고 협력적인 협상태도를 보이던 사람도 협상 상대자나 협상 성격에 따라서는 투쟁적 자세로 바뀔 수 있으며, 평소 언제나 경쟁적이고 투쟁적인 협상자세를 보여오던 사람도 경우에 따라서는 아주 수용적이거나 협력적일 수도 있다. 이처럼 사람에 따라, 또는 상황과 사안에 따라 협상에 임하는 태도나 접근방식이 달라질 수 있다.

협상에 임하는 접근방법에는 경쟁적이고 분배적인 방식과 협력적이고 통합적인 방식으로 분류할 수 있다. 경쟁적이고 분배적인 접근방법의 협상을 분배적 협상(distributive negotiation)이라고 한다. 반면 협력적이고 통합적인 접근방법의 협상을 통합적 협상(integrative negotiation)이라 한다. 분배적 협상은 전통적으로 실시되어 오던 협상 방식이라고 해서 전통적 협상(traditional negotiation)이라고 하고 협상당사자들이 자신의 입장을 주장하고 고수하면서 협상을 한다는 의미에서 입장 협상(positional negotiation)이라고도 한다. 반면 통합적 협상은 양쪽이 모두 승리했다는 의미에서 윈윈협상(win-win negotiation), 당사자들의 내적 이해(interest)에 기초해서 협상한다는 의미에서 이해기반협상(interest-based negotiation), 그리고 어떤 원칙을 세워놓고 협상을 한다고 해서 원칙협상(pricipled negotiation)이라고도 한다.

1) 분배적 협상(Distributive Negotiation)

분배적 협상이란 합이 고정되어 있는 가치의 분배를 위해 서로 경쟁하는 협상을 말한다. 즉, 어떤 측의 목표는 다른 측의 목표와는 근본적으로 다르거나 직접적으로 다르게 나타난다. 이때 자원은 고정되었거나 한정되어 있다. 그래서 각 당사자들은 자신의 몫을 최대한 많이 얻기를 원한다. 대부분의 경우 이 상황은 두 협상자들 간의 단기적 관계를 나타낸다(장동운, 2009).

이런 유형의 협상에서는 한 쪽이 더 많이 가져갈 경우 상대방은 반드시 적게 가져갈 수밖에 없다. 즉, 분배적 협상은 어느 한쪽이 승리하고 다른 한쪽은 패배하는 식의 협상을 의미한다. 그래서 분배적 협상은 ‘Zero-sum Game(영합게임)’, ‘Win-lose Game(승패게임)’이라고도 한다.

(1) 분배적 협상의 특징

분배적 협상은 협상을 논의할 때 일반적으로 생각할 수 있는 협상으로 경쟁적 협상이라고도 부른다. 분배적 협상자는 본질적으로 상대방과의 관계를 유지하는 데는 관심이 없기 때문에 현재의 상황에서 이익을 극대화하고 손실을 극소화하려고 한다.

분배적 협상은 다음과 같이 몇 가지의 기본적인 특성이 있다.

- 기본적 동기는 경쟁적이거나 적대적이다.
- 협상대상이 되는 자원은 한정되어 있다.
- 협상당사자들은 서로 더 많은 이익을 가지기 위해 협상을 벌인다.
- 협상당사자들이 자신의 이익만 극대화시키려는 전략과 전술을 동원한다.
- 협상목표는 "할 수 있는 한 이긴다. 상대방보다 더 많이 얻는다"이다.

(2) 분배적 협상의 커뮤니케이션 패턴

'분배적 협상 당사자들의 목표는 직접적으로 대립된다'고 가정한다. 그리고 '한쪽이 얻은 만큼 다른 쪽은 잃는다'는 것을 가정한다. 따라서 어느 쪽이든 간에 최대한 높은 제안으로 시작함으로써 경쟁적 이점을 얻는다. 분배적 협상가는 서로에게 데이터를 숨기고 상대방의 반응예측 능력을 무디게 하려고 한다. 반면에 상대방의 입장에 관하여 가능한 한 많이 알려고 한다(장동운, 2009).

분배적 협상의 커뮤니케이션 패턴의 예를 들어보면 다음과 같다.

- 공개적인 요구는 더 많이 하고 양보는 서서히 한다.
- 현재의 논의범위 내에서 눈에 보이는 이익을 극대화하려고 노력한다.
- 제의한 양보의 가치에 엄살을 떤다.
- 위협, 대면, 논쟁 및 강압적인 말을 쓴다.

- 정보를 감춘다.
- 의도, 자원 및 목표의 왜곡으로 사람과 과정을 마음대로 부린다.
- 어떤 이슈에 대한 설득이 알려지지 않게 하려고 한다.
- (인간적 · 관계적 목표보다는) 양적이고 경쟁적인 방향으로 목표를 둔다.

(3) 분배적 협상의 한계점

분배적 협상은 다음과 같은 몇 가지 한계점을 지니고 있다(장동운, 2009).

- 대면에 대한 지나친 편견을 갖는다.
- 많은 기회를 제안하여 위험한 지경에 이르게 한다.
- 설득 수단으로 강압과 감정적인 압력을 쓰게 함으로써 인간관계 유지가 어렵게 되고 불신을 조장하거나 이질감과 좌절감이나 분노를 유발하여 협상이 결렬되는 경우가 많다.
- 커뮤니케이션 역시 왜곡되어 정보와 판단이 잘못되는 경우가 많다. 그 결과 상대방의 긍정적인 반응을 어렵게 하고 공동의 이익에 대한 접근도 어렵게 한다.
- 법정 소송 등과 같이 대안을 통하여 얻을 수 있는 이익을 과장하여 부풀리게 한다.

분배적 협상에서는 서로 상대방을 적으로 인식하고 불신하여 자신의 입장만을 고수하려고 한다. 따라서 분배적 접근방법이 나타나는 상황은 대부분 법적 소송과 같은 '승패적' 상황이다. 따라서 상대측과는 계속적인 관계를 기대할 필요가 없는 경우에는 이러한 접근방법이 의미가 있을 수도 있다. 자신이 얻을 수 있는 것만 얻은 후 떠나버리기 때문이다. 이러한 접근방법은 개인의 경쟁적 이익에만 가치를 두고 인간관계는 부차적인 경우에 한하여 사용이 가능한 방법이다.

2) 통합적 협상(Integrative Negotiation)

통합적 협상이란 협상당사자들이 자신들의 이해관계를 통합한 합의를 도출해 냄으로써 최대의 이득을 달성하기 위해 당사자들이 협력하지만 그 가치를 나누기 위해서는 경쟁하는 협상으로, 가치 창출과 자기 몫 챙기기가 동시에 추구된다(장동운, 2009). 한쪽의 이득이 반드시 상대방의 희생에 의해 이루어지는 것이 아니라 상대방의 이득과 더불어 성취가 가능하다. 즉, 분배적 협상처럼 일정한 가치를 서로 나누는데 중점을 두기보다는 가치를 증대시키는데 중점을 두어 협상당사자 모두가 승리하는 협상을 말한다. 그래서 통합적 협상은 Nonzero-sum Game(비영합게임), Positive-sum Game(정합게임), Win-Win game(윈윈게임)이라고도 한다.

(1) 통합적 협상의 특징

통합적 협상은 몇 가지의 특징적 요소를 가지게 되는데 살펴보면 다음과 같다.

- 협상당사자 간의 관계가 기본적으로 상호 배타적이지 않다고 생각한다.
- 협상대상이 되는 이익의 크기는 반드시 고정되어 있다고 생각하지 않는다. 즉, 한쪽의 목적 실현이 상대방의 목적 달성을 저해하지 않는 상황에서 이루어지고, 시너지 효과도 창출할 수 있다.
- 협상을 하는 이유는 협상당사자들이 자신의 이익을 1차적으로 중시하지만, 그것에 그치지 않고 상대방의 이익까지 포함한 공동 이익에 더 관심을 갖는다.
- 갈등당사자들이 자신의 이익만을 극대화시키려는 전략과 전술을 동원하지 않고 모두의 이익을 고려하는 원칙적 협상 전략을 추구하게 된다.

(2) 통합적 협상의 전제조건

통합적 협상이 성공하기 위해서는 다음 몇 가지의 전제조건이 충족되어야 한다.

- 협상당사자들은 상대방의 진정한 필요와 목적을 이해할 수 있어야 한다.
- 협상당사자들은 창의적 아이디어를 교환하고 정보흐름을 자유롭게 할 수 있어야 한다.
- 협상 과정에서 서로의 입장 차이점보다는 공통된 기반과 유사점을 찾는 데 초점을 맞추어야 한다.
- 관련자 모두의 목적을 실현시킬 수 있는 해답을 찾으려고 노력해야 한다.

(3) 통합적 협상의 한계점

분배적 협상과 같이 통합적 협상 또한 몇 가지 한계점을 지니고 있다. 이 협상의 가장 큰 어려움은 '높은 수준의 예리함, 날카로운 지각 및 분별력을 요구한다'는 점이다. 이 방법을 이용하려면 구체적인 훈련을 하고 동시에 가정과 직장에서의 협동모델을 이해할 필요가 있다.

머레이(Murray)는 협동적, 문제해결적 또는 통합적인 협상 전략이나 방법의 잠재적 위험을 다음과 같이 말하고 있다(장동운, 2009).

- 협동에 대해 지나치게 과신한다. 그래서 최선의 이익이 되지 않을 수 있는 것을 협상하거나 적응하도록 하려는 내적 압박을 가하기도 한다.
- 대면적 전략을 진퇴양난의 위험이 있는 것으로 단정하고 피하려 한다.
- 상대방의 이익에 너무 민감하다. 경쟁관계에 있는 반대자의 속임수나 인위적인 술수에 공격받기 쉽다. 그리고 다른 편에 더 유리하게만 됨으로써 오히려 공정성이 보장되지 않을 수도 있다.
- 분명한 공감대를 세우기 어렵다. 그리고 정성적인(가치지향적인) 데 더 의

존함으로써 마지막 허용선을 세우기가 어렵다.

- 성공적인 협상과 그 과정에서 필요로 하는 현실적인 기술과 지식을 필요로 한다.
- 상대방의 이익이나 욕구에 대한 자신의 평가능력(지각)에 대해 자신감을 필요로 한다.

통합적 협상은 모든 갈등상황에서 간단하고 쉽게만 사용되는 것이 아니다. 이 경우에는 협상당사자의 상당한 협상기술이 요구된다.

4. 협상의 전략

협상전략은 협상목표를 달성할 수 있도록 협상을 유리하게 진행하기 위한 협상 전개의 방향과 틀이라고 정의할 수 있다. 일반적으로 전략이 의미하는 범주는 다섯 가지(5P's)로 나누어 살펴볼 수 있다(국방과학기술용어사전, 2011).

첫째, 계획(plan)으로서의 전략이다. 여기서 계획으로서의 전략이란 환경에 대응하기 위한 조직의 의도적인 행동 방향과 지침을 제공하는 것을 의미한다.

둘째, 책략(ploy)으로서의 전략이다. 이는 특정 경쟁상황에서 경쟁자를 압도하기 위한 의도된 구체적인 방책을 의미한다. 어떤 면에서는 협의의 전략, 즉 전술과도 가까운 개념이다.

셋째, 행동패턴(pattern)으로서의 전략이다. 이때의 전략은 사전에 의도된 것이든 의도되지 않은 것이든 특정 조직과 그 구성원들에게 일관되게 나타나는 모든 행동방식을 의미한다.

넷째, 위치설정(position)으로서의 전략이다. 이는 조직의 내부와 환경을 결합시킴으로써 외부나 환경에서 조직의 위치나 지위, 이미지 등을 결정하는 수단으로서의 전략을 의미한다.

다섯째, 관점(perspective)으로서의 전략이다. 여기서 전략은 전략결정자가 환경을 인식하는 관점을 의미한다. 이 정의는 가장 추상적이고 개념적인 것으로, 특정 집단이 공유하고 있는 문화, 가치관, 세계관 등의 개념과 유사하다.

협상에서 전략이 차지하는 비중이나 역할이 크고 다양하므로 협상전략은 이 다섯 가지 전략의 의미를 모두 포함하는 개념이다.

1) 협상전략의 유형

(1) 입장협상전략(Positional Negotiation)

협상의 실제 전개과정에서 나타나는 하나의 협상전략으로, 각 당사자는 자신의 입장에만 집착하여 자신의 처지를 상대방에게 이해시키고, 자신의 주장이 정의로운 해결이라고 믿어 자신의 입장에 집착한 전략을 택하는 경우가 바로 입장협상전략(positional negotiation)이다. 이러한 입장협상전략(positional negotiation)에는 연성입장협상전략(soft positional negotiation)과 경성입장협상전략(hard positional negotiation)이 있다(표 5-1 참조).

연성입장협상전략(soft positional negotiation)은 협상에서 '원만한 합의'를 목표로 할 때 주로 사용되는 전략으로, 협상 상대를 상호 동반자로 인정하고 해당 협상에서 협상주체가 약간 손해를 보더라도 합의에 도달하는 것이 이익이라고 판단하는 것이다. 이런 협상을 '윈윈(win-win) 전략'이라고 하며 타결이 협상 당사자 모두에게 이익이 되기도 한다. 예를 들어, 대북정책에서 남북화해협력 방안이나 포용정책 그리고 남북경협정책 등은 연성협상의 대표적 사례라고 할 수 있다. 이러한 협상자세는 '일방적 퍼주기'라는 비판을 받기도 했지만 궁극적으로 한반도의 군사적 긴장 완화와 장기적인 평화통일전략의 일환으로 평가되기도 한다.

경성입장협상전략(hard positional negotiation)은 협상 상대에게 강한 전제조건을 내세워 상대로 하여금 선택의 여지를 주지 않는 전략을 의미한다. 이러한 전략은 협상주체가 상대보다 우위의 조건에 있다고 판단할 때 상대를 압박하여 양보를 얻어내기 위한 전략이라고 할 수 있고, 상대를 압박할 때 협박이나 압력을 수단으로 사용하기도 한다.

이제까지 북핵협상 과정에서 미국 측이 북한에게 '선핵폐기 후협상'이나 경제봉쇄, 해외자금 동결 등의 수단을 사용하여 북한을 고립시켜 입지를 약화시키려 한 전략은 경성입장협상의 대표적인 사례라 할 수 있다.

〈표 5-1〉 연성입장협상전략과 경성입장협상전략의 비교

연성입장협상전략	경성입장협상전략
• 당사자들은 친구다.	• 당사자들은 적이다.
• 목적은 합의를 이루는 것이다.	• 목적은 승자가 되는 것이다.
• 관계를 돈독히 하기 위해 양보한다.	• 관계유지 대가로 일방적 양보를 요구한다.
• 상대와 협상이슈에 대해 모두 유순하다.	• 상대와 협상이슈에 대해 모두 완강하다.
• 상대를 믿는다.	• 상대를 극도로 불신한다.
• 자신의 입장을 쉽게 바꾼다.	• 자신의 입장을 고수한다.
• 먼저 제안을 한다.	• 위협을 한다.
• 최대 양보선을 공개한다.	• 최대 양보선에 대한 상대방의 오판을 유도한다.
• 합의를 위해 일방적으로 양보한다.	• 합의에 대한 상당한 대가를 요구한다.
• 당사자 모두가 만족할 대안을 탐색한다.	• 자신만 만족할 대안을 고안한다.
• 합의를 주장한다.	• 자신의 입장만 주장한다.
• 의지의 경합을 피한다.	• 의지의 경합에서 승리하려 한다.
• 압력에 굴복한다.	• 압력을 가한다.

출처 : 이달곤(2005 : 151).

(2) 원칙협상전략(Principled Negotiation)

원칙협상전략은 일방적 입장에 집착한 경성입장협상전략을 지양(止揚)하고, 객관적이고 이슈중심적인 이해관계에 초점을 맞추어 협상을 진행하는 전략이다. 원칙협상전략은 다음과 같은 네 가지 원칙을 특히 강조하는 전략의 협상유형이라고 말할 수 있다(Fisher & Ury, 1968).

첫째, 갈등문제로부터 사람을 일단 분리시켜 생각한다.

둘째, 자신이나 상대방의 입장이 아니라 이해관계에 초점을 맞춘다.

셋째, 합의를 이루려고 하기 이전에 상호이득을 가져오는 대안들을 개발한다.

넷째, 협상결과를 객관적인 기준에 입각하여 판단한다.

이상과 같은 원칙을 협상의 전 과정에 적용시키는 원칙협상은 다음과 같은 3단계를 통하여 운영될 수 있다. 즉, 분석단계, 계획단계, 그리고 토의단계로 나누어 볼 수 있다.

① 1단계 : 분석단계

분석단계는 협상상황을 진단하는 단계로서 정보의 수집과 분류작업이 진행되는 단계이다. 이 단계에서는 적어도 네 가지 요소를 진단해야 한다.

첫째, 자신의 입장만을 생각하는 사람문제

둘째, 적대적인 감정

셋째, 불확실한 의사소통

넷째, 이해구조 등에 관한 상대방의 입장과 자신의 입장에 대한 정보수집과 분석

② 2단계 : 계획단계

계획단계에서는 위의 네 가지 요소들을 어떻게 다룰 것인가에 관한 아이디어를 짜내고 행동방침을 결정하는 작업이 진행된다.

첫째, 자신의 입장만을 생각하는 사람에 대처하는 방안을 구체적으로 준비해야 한다.

둘째, 적대적인 감정에 대한 대응책도 마련되어야 한다.

셋째, 상대방의 모호하고 비효율적인 의사소통 방식에 대한 대응책도 마련되어야 한다.

넷째, 자신의 이해함수와 상대방의 이해함수를 통한 현실적 기대수준을 가늠하여 대안들을 만들어 내야 한다.

③ 3단계 : 토의단계

토의단계(상호 접촉단계, 체득단계)는 상호 접촉을 통하여 인식의 차이, 실망과 분노의 감정, 의사 전달의 어려움, 그리고 상대의 이해함수 등에 대한 지식과 경험을 체득하는 단계다.

〈표 5-2〉 입장협상전략과 원칙협상전략의 비교

구 분	원칙협상전략	입장협상전략
상대방 인식	[이해관계와 사람관계를 분리] • 당사자들은 문제해결자들 • 목적은 효율적이며, 우호적으로 현명한 합의를 이루는 것	• 당사자들은 서로 적 • 목적은 승자가 되는 것
입장과 이해관계	[입장보다는 이해관계에 초점] • 신뢰와 관계없이 협상을 진행 • 사람에게는 유순하고, 협상이슈에는 완강 • 이해관계를 분석 • 최대 양보선을 되도록 갖지 않음	• 관계유지 대가로 일방적 양보를 요구 • 상대와 협상이슈에 대해 모두 완강 • 상대를 극도로 불신 • 자신의 입장을 고수 • 최대 양보선에 대한 상대방의 오판을 유도
대안개발	[상호이익을 얻을 수 있는 대안개발] • 결합이득을 키우는 대안 탐색 • 상대방의 진정한 의도를 파악	• 합의에 대한 상당한 대가를 요구 • 자신만 만족할 대안을 고안
합의도출	[객관적인 기준 사용] • 주관적 판단보다는 객관적 기준에 따라 합의를 유도 • 이성에 따르고 합리적인 논의를 하며, 압력보다는 설득을 택함	• 자신의 입장만 주장 • 의지의 경합에서 승리하려 함 • 압력을 가함

출처 : 이달곤(2005 : 155).

5. 협상의 과정

협상은 어떤 과정을 거치고 어떤 절차로 해야 하는가? 이에 대해서는 어떤 단일한 모형으로 정답이 있는 것은 아니다. 상대에 따라, 상황에 따라, 이슈에 따라, 환경에 따라, 이해관계 정도에 따라 협상의 과정과 절차는 달라진다고 할 수 있다. 협상은 대략 5단계의 절차로 이루어지는데, 이를 간략히 정리하면 <표 5-3>과 같다.

〈표 5-3〉 협상 프로세스의 일반적 절차

구 분	적용갈등 해결원칙	활용방법
제1단계 협상 시작하기	제1원칙 사람과 문제 분리	1) 친근감 쌓기 2) 간접적 협상의사 전달 3) 협상의지 확인 4) 협상 진행을 위한 사전약속
제2단계 서로 이해하기	제1원칙 사람과 문제 분리	1) 문제의 역사와 현 상황 점검 2) 적극적 듣기와 자기주장하기 3) 협상대상 안건 결정
제3단계 실제로 원하는 것 찾기	제2원칙 주장이 아닌 실제로 원하는 것에 초점	1) 겉으로 주장하는 것, 실제로 원하는 것 구분 2) 다양한 의사소통 기법의 활용
제4단계 해법 찾기	제3원칙 상생적인 대안창출	1) 안건별 대안 탐색 2) 안건별 대안 평가 3) 안건별 대안 선택 4) 안건별 구체적 대안 실행계획
제5단계 합의하기	제4원칙 객관적 기준 적용, 합리적 선택	1) 협의안 작성 2) 협의안에 대한 재점검 3) 협상당사자들 간의 서명

출처 : 서울특별시 갈등관리 매뉴얼(2018).

1) 일반적 협상과정

보통 협상이라 하면 본 협상이라고 불리는 단계로서 협상당사자가 협상테이블에 앉아서 제안을 서로 교환하는 상호작용의 면면을 말한다. 이를 좀 더 광의적으로 해석하면 협상과정은 다음과 같은 내용들을 포괄하는 의미이다.

> ① 갈등의 인식 ⇒ ② 협상을 위한 준비 ⇒ ③ 사전협상을 위한 활동 ⇒ ④ 본 협상에서의 제의 교환과 합의 유도 ⇒ ⑤ 협상산출인 합의내용의 집행 및 그 결과로 생긴 변화의 평가 ⇒ ⑥ 다음 차례의 협상에서 논의될 문제의 인식

이를 기반으로 정리하면 협상과정은 크게 나누어 사전준비 단계, 본 협상, 협상의 산출로 구분할 수 있다(원창희, 2016; 이달곤, 2000).

(1) 사전준비 단계

사전준비 단계는 협상준비와 사전협상으로 나누어진다. 협상준비란 바로 갈등의 원인이 무엇이고, 여기에 개재된 자신의 이익은 어떤 것이며, 또 그 이익은 어떻게 분포되어 있는가를 따져보기도 하고, 상대는 어떠한 이익구조를 가지고 있으며, 이 이익구조를 어떻게 인식하고 있는지 하는 것도 분석해 보는 행위를 말한다. 즉, 협상을 개시하기 전에 행해지는 모든 상황분석을 협상준비라 할 수 있다.

사전협상이란 갈등당사자인 상대방과 함께 협상과정을 시작하는 협상이다. 즉, 상대와 더불어 본질적인 협상의제의 범위를 확정하고, 협상방식과 절차 등에 대해 합의하는 과정을 의미한다. 이는 협상의 핵심적인 사안인 이해관계의 조정을 위한 정지작업을 수행하는 것으로 파악할 수 있다.

(2) 본 협상 : 협의의 협상과정

본 협상은 당사자들이 핵심적인 협상을 진행하는 과정이다. 먼저 협상테이블에 앉아서 어느 일방이 제의(offer)를 하면 상대방은 자신의 요구를 역으

로 제의하는 대응제의(counter offer)를 하는 과정이 진행된다. 여기서 제의란 상대방이 고려하기를 바라는 이슈들의 내용과 타결조건들을 제시하는 형태를 말한다. 이와 같은 제의에는 일반적으로 협상 초기에는 협상의 타결을 위한 구체적 조건이라기보다는 자신에게 유리한 방향으로 상대방에게 영향을 미치려는 주변 여건 조성용 제안이 많다. 따라서 이러한 협상 초기의 제안은 자신에게 유리한 제의를 하기 위한 정지작업일 수도 있고, 상대방으로 하여금 완화된 제의를 하도록 만드는 자극에 불과한 경우도 있다. 반면에 대응제의란 어느 일방의 제의에 대해 상대방이 자신의 요구를 제시하는 것을 말한다. 제의를 교환하는 방식이 명백하게 보이는지 여부에 따라 명시적 협상과 묵시적 협상으로 구분되는데 명시적 협상은 제의의 교환을 명백하게 하는 것이고, 묵시적 협상은 의사를 실행에 옮김으로써 대응제의를 유도하는 형태를 취한다.

본 협상에서는 의사소통이 중요하며 정보의 통제와 공개성 유무도 주요 변수로 작용할 수 있고 시간제약, 위협, 경고, 양보의 수순 등 전술적인 협상 기술도 관심사항이 된다.

본 협상 과정에서는 타협을 이끌어 내는 데 있어 권장해야 할 규칙도 있고 금지해야 할 규칙도 있다. 타협의 규칙이란 우호적인 관계에서 진행되는 협상에서 지켜지지 않으면 관계가 악화되거나 단기적으로 두절되는 규율을 말한다.

(3) 협상의 산출

협상당사자가 수많은 의사소통의 과정을 거쳐 도출해 낸 합의안을 협상산출(negotiation output)이라고 하고 이러한 합의안이 현실 속에서 집행되어 최종적으로 나타나는 상태를 협상결과(negotiation outcome)라고 한다. 협상산출은 최종 승인이 내려진 공식 합의문을 지칭하고 추상적인 원칙이나 모호한 조건이 포함될 수도 있다. 협상결과는 모호한 조건뿐 아니라 명확한 조건이 이행

과정에서 변질되고 현실을 변화시킨 상태를 가리킨다.

합의를 할 때 원칙에 대해서만 합의할 경우 그 합의내용을 해석하고 집행하는 데 문제가 생길 수 있다. 암묵적인 부분을 서로 모순되게 해석할 수도 있고 이행될 것으로 믿고 있는 바를 고의적으로 위반할 수도 있다. 이를 예방하려면 합의내용을 명시적으로 구체화하는 것이 필요하나 너무 세세한 부분까지 합의를 보는 데는 많은 시간이 필요하기도 하고 협상과정을 경직시켜 합의를 불가능하게 할 수도 있다. 다만, 오해의 소지를 줄이고 집행을 용이하게 하려면 협상안을 가급적 구체화하는 것이 바람직하다.

2) 협력적 협상과정

이 모형은 하버드 스쿨의 'Win-Win 협상' 방법으로 위스콘신대학교와 연방조정알선청(FMCS)에서 활용하고 있는 교육 매뉴얼이다(원창희, 2016).

(1) 쟁점의 선정

먼저 협상에 참가하는 양측 당사자들이 별도로 모여 사전 협상을 준비하고 협상테이블에 모이게 한 다음 개회식을 한다. 각 집단은 대표를 선임하고 대표로 하여금 개회사를 하게 한다. 각 대표는 자기 협상팀의 멤버를 소개하는 시간도 필요하다. 상호 소개가 있고 난 다음 협상에서 논의할 쟁점이나 문제점이 무엇인지 선정하게 된다.

(2) 이해관계의 식별

당사자 양측이 별도의 개별 회의를 통해 미리 선정된 쟁점에 대한 이해관계를 식별하는 단계이다. 양측의 이해관계를 식별하여 플립차트에 기록하되 각자 6~7개 정도 리스트를 작성할 필요가 있다. 본 쟁점을 선택하게 된 이유는 무엇인지, 항목 중에 입장, 요구, 제안, 해결은 들어있는지 검토함으로써 이해관계를 더 정확하게 식별할 수 있다. 전체 회의에서 양측 대표가 리스트를 설명하고 필요하면 질문과 토의를 할 수 있다. 이 중에서 공통의 이해관계를 식별해 내는 것이 합의도출을 위해 중요하다.

(3) 대안의 개발

공동의 이해관계를 충족시키는 대안을 발굴하고 각자의 이해관계를 충족시키는 대안을 제안하도록 유도한다. 브레인스토밍을 사용하고 각 대안을 플립차트에 기록하며 모든 항목에 번호를 부여한다. 중복된 대안이나 명백한 하자가 있는 표현은 제거하고 어색한 표현은 수정하도록 한다.

(4) 평가기준의 설정

대안을 평가할 기준을 설정해야 한다. 평가기준은 사전에 정해진 것은 없으며 양측이 대안을 평가하기 위해 적절한 기준을 함께 선정하면 된다. 예를 들어, 합법성, 예산가용성, 수용성, 실천가능성 등 대안을 효과적으로 평가할 기준을 설정하면 된다. 이러한 독립적 기준 리스트를 이용하면 대안평가표를 만들 수 있다.

(5) 대안의 평가

독립적 기준 리스트를 활용하여 각 대안을 평가하는 단계이다. 각 대안이 기준 리스트에 부합하는지 논의하고 모든 기준을 충족하는 대안은 번호로 표시한다. 때로는 해결방안에 도달하기 위해 대안을 결합하는 것도 가능하다. 대안을 평가하는 유용한 방법으로 다음과 같이 3단계 요소분석이 있다.

- 1단계 실현가능성 : 합법성, 예산가능성, 실천성
- 2단계 관심충족성 : 중요한 관심 충족
- 3단계 수용가능성 : 양측의 수용 여부, 공정성

1단계에서는 대안이 실현 가능한지 먼저 평가해 보고, 그다음 2단계에서 각자의 관심을 충족시키는지 평가한 다음, 마지막으로 3단계에서 양측이 수용하려고 하는지 평가한다. 이 3단계 요소분석의 대안평가표를 만들어서 중복되거나 하자가 있는 대안은 제거하고 양측이 각 대안에 대한 순위를 부여한 다음 순위가 높은 대안부터 수용성 등을 논의하여 합의에 이르면 효과적이다.

(6) 합의안의 도출

평가기준을 충족시키면서 많은 관심을 충족시키는 대안을 선택하거나 또는 대안의 결합을 모색하여 최적 대안을 찾아내는 것이 필요하다. 또한 도출한 해결방안에 모든 참가자가 동의해야 한다. 만장일치가 안 되면 가정을 살펴보고 기준으로 돌아가 해결방안을 다시 찾아보는 노력을 해야 한다.

(7) 협약서 작성

합의가 이루어졌다면 협약서를 작성해야 한다. 협약서에는 갈등의 본질, 갈등을 해결하는 합의안의 구체적 내용, 당사자들이 자발적으로 합의를 한다는 선언적 문구, 합의안의 실행과 해석상 향후 갈등이 발생할 때는 다시 조정을 받을 것 등을 포함하고 날짜 및 서명을 한다. 협약서는 두 통을 작성하여 공증을 받고 서로 한 부씩 보유한다.

CHAPTER 06

조정과 중재

1. 조정(Mediation)

1) 조정의 개념

협상을 통한 갈등해결 과정에서 당사자들이 상호 동등한 입장에서 서로 존중하며 이견을 조율해 간다면 갈등은 쉽게 해소될 수 있다. 그러나 의견 차이가 심하거나 힘의 불균형 등으로 협상이 제대로 진행되기 어려울 때는 이를 해소하기 위해 중립적인 제3자의 개입이 반드시 필요하게 된다. 이처럼 갈등당사자들이 감정의 대립이 심하거나 의견의 차이가 극명하게 드러나 협상을 통한 갈등해결이 어려운 경우 객관적이고 중립적인 제3자가 당사자 간 의사소통을 도와 협상을 진행함으로써 원활하게 합의에 이를 수 있도록 관여하는 과정을 조정이라고 한다. 조정은 중립적인 제3자가 개입한다는 측면에서 협상과 구별된다. 하지만 제3자의 역할은 갈등당사자들이 합의에 도달할 수 있도록 도와주는 역할로 한정된다. 조정은 이해당사자 간 직접 협상이 진전을 이루지 못할 때 협상의 효율성을 높이기 위한 수단으로 활용될 수 있기 때문이다.

'조정하다'라는 뜻의 영어단어 mediate는 라틴어 mediare에서 유래하였다. mediare는 '중간에 있다'는 뜻으로 조정인은 '갈등의 중간에 있음'을 의미하고 조정은 '중간에 있게 하는 것'을 말한다. 즉, 어떤 결정권을 가지지는 못한다는 것을 의미한다. 하지만 조정에서 제3자가 행하는 역할에 대해서는 많은 논란이 있다. 한쪽에서는 제3자의 역할이 단순한 협상촉진자(facilitator)의 역할에 머물러야 한다고 주장하는 반면, 다른 한쪽에서는 좀 더 적극적으로 합의를 이끌어 내기 위한 상황평가자(evaluator)의 역할을 수행해야 한다고 주장한다(국무조정실, 2013).

2) 조정의 특성

국무조정실에서 발간한 공공기관의 갈등관리매뉴얼(2013)에서는 여러 학자들의 의견을 종합하여 조정의 특성을 다음과 같이 정리하고 있다.

- 조정은 중립적 제3자가 당사자의 문제해결을 돕는 과정이다.
  조정은 다른 사람의 협상을 지원해 주는 과정이다. 갈등당사자들과 관련이 없는 제3자가 당사자들로 하여금 토론하고 갈등을 해결하도록 도와주게 된다.
- 조정은 자발적이고 자율적인 과정이다.
  판사나 중재인과는 달리 조정인이 당사자들로 하여금 특정한 갈등해결을 수용하도록 강제할 권한을 갖지 못한다. 조정에 의한 결정은 어디까지나 자발적이고 합의에 의해 도출된 것이다.
- 조정은 더 말하고 들을 수 있는 소통의 장이 되어야 한다.
  조정과정은 참가자들이 증거, 과정, 법률에 의해 제약되지 않고 그들의 문제를 자유롭게 논의할 수 있는 적극적인 소통의 장이어야 한다.
- 조정은 승패가 아니라 모두 만족할 수 있는 창의적인 방법을 찾을 수 있어야 한다.
- 조정은 비공개로 이루어져야 한다.
  조정회의는 공적 소송과 달리 당사자와 조정인이 의사소통하고 구체적 합의내용은 비밀에 붙여질 것이라는 기대 속에 비밀장소에서 개최되고 있다. 물론 조정도 갈등당사자와 조정인이 합의하는 경우 공개할 수도 있지만, 원만한 합의를 위해서는 비공개 진행이 보장되어야 한다.

3) 조정의 유형

조정의 유형은 학자들에 따라 상이하지만, 일반적으로 평가식 조정(evaluative mediation), 촉진식 조정(facilitative mediation), 변형식 조정(transformative mediation)으로 정리할 수 있다. 이 세 가지 유형을 세부적으로 살펴보면 다음과 같다(원창희, 2016).

(1) 평가식 조정(Evaluative Mediation)

평가식 조정은 사법적 해결회의에서 모형화된 조정방법으로 조정인이 당사자들의 주장을 평가해 줌으로써 주어진 의사결정을 하는 데 도움을 주는 방법을 모색한다. 당사자들이 재판을 통해 승리할 것을 과대평가하여 해결하는 데 어려움을 겪고 있을 때 평가식 조정인은 당사자들이 재판에서 직면하게 될 위험과 기회를 정확하게 평가하는 데 도움을 주게 된다. 어떤 평가식 조정인은 해당 사건에 대한 금전적인 가치를 제안하기도 한다.

평가식 조정인은 당사자들의 입장에 들어있는 위험요소, 당사자들의 주장이 가지는 약점, 소송전략에 내포되어 있는 비용 등을 발견할 수 있도록 도와줌으로써 조정에 의한 해결이 소송보다 더 유리하다는 것을 보여주고자 한다. 어떤 경우에는 충분한 정보를 교환한 다음 당사자들이 조정인에게 각자 요구사항의 범위를 평가해 달라고 요청하기도 한다.

대개 소송을 거는 경우 자신이 승리할 수 있는 유리한 점들을 부각시키려고 노력한다. 그렇기 때문에 그러한 기대치를 낮춤으로써 자신이 불리하거나 질 수도 있다는 점을 정확하게 평가해 줌으로써 양보를 얻어내고 합의에 이르도록 조정인이 가이드하게 된다. 때로는 당사자들이 서로 합의에 이르기 어려울 경우에는 평가식 조정인이 해법을 제안하기도 한다. 평가식 조정은 사건이 소송으로 갔을 때 당사자들의 주장이 법적으로 어떤 유·불리가 있는지 따지는 것이어서 법률적 조정이라고도 볼 수 있다.

(2) 촉진식 조정(Facilitative Mediation)

촉진식 조정은 조정인의 합의를 도출하기 위해 중립적인 방법으로 당사자들 간의 의사소통을 촉진시키는 조정을 말한다. 이를 위해 촉진식 조정인은 당사자의 이해관계를 식별하고 창조적 해결옵션을 개발하는 데 중점을 두게 된다. 당사자들이 정확한 의사결정을 내릴 수 있도록 빠진 정보를 제공하는 특성이 있다. 대화를 촉진시키기 위해 개별회의를 적극 활용하여 왕복외교를 잘하는 것도 중요하다.

촉진식 조정인은 당사자들이 자신과 상대방의 이해관계 모두를 이해하는 과정을 만들어 내야 한다. 그뿐만 아니라 조정인은 질문을 하고, 당사자의 관점을 이해하고, 쟁점을 재구성함으로써 당사자들이 상호 이익이 되는 해결방안을 위한 공통의 이해관계와 기회를 발견하도록 도움을 주어야 한다. 이러한 과정이 진행되는 동안 촉진식 조정인은 옵션을 만들거나 평가하려고 하지 말고 실질적인 결정을 당사자들에게 맡겨두는 편이 좋다.

(3) 변형식 조정(Transformative Mediation)

평가식과 촉진식 조정이 특정 문제의 해결에 중점을 두고 있는 데 반해 변형식 조정은 특정 갈등의 구체적 해결보다는 갈등당사자들의 도덕적 성장(moral growth)에 더 중점을 두고 있다. 변형식 조정에 깔려 있는 기본적인 생각은 갈등으로 인해 당사자들이 서로 적대적 행동을 하게되고 주변 환경이나 상대방 반응에 대해 통제할 수 없는 감정을 가지게 된다는 것이다. 그래서 변형식 조정은 당사자들로 하여금 부정적 악순환으로부터 빠져 나오도록 하고 상대방의 관점을 인정하는 능력을 개발하고자 한다.

바람직한 변형식 조정의 형태는 당사자들과 조정인이 합동회의를 개최하여 조정하는 것이다. 조정인은 당사자들로 하여금 스스로 품위 있고 도덕적이며 상대를 배려할 줄 아는 사람이라는 점을 인정하는 연습을 하도록 한다. 당사자들은 위임을 받으면 자신감이 생기고 상대방의 말을 듣고, 신뢰하고, 존중할 수 있으며, 보다 생산적인 관계를 구축할 수 있다. 그래서 위임해 주는 것은 한 당사자에게 상대방의 가치와 관점을 인정하고 이해하는 능력을 주게 된다. 이러한 두 가지 요소인 위임(empowerment)과 인정(recognition)은 변형식 조정의 핵심이다.

변형식 조정인은 당사자들에게 특정 결과를 압박하지 않으며 특정한 과정이나 일정을 강요하지도 않는다. 변형식 조정의 성공은 당사자들의 변화와 상대방을 효과적으로 대하는 능력에 달려 있으므로 변형식 조정은 직접적인 갈등의 해결을 1차적 목표로 하기보다 부차적 성과로 간주하고 있다.

4) 조정의 절차

조정을 기술적으로 이해하는 중요한 방법은 과정이 진행되는 절차와 각 단계별 기법들을 이해하는 것이다. 갈등의 조정과정은 준비, 계약, 초기 입장 탐색, 쟁점과 의제 정리, 쟁점과 의제에 대한 검토, 문제해결, 최종 결론 도출로 구분할 수 있다. 이와 관련한 세부내용을 살펴보면 다음과 같다(국무조정실, 2013).

① 준비

- 목적
  - 문제에 대한 이해 : 조정이 가능한 문제인지 검토
  - 조정절차에 대한 전략 구상
  - 조정자에 대한 신뢰 구축

- 조정에 대한 협상당사자의 이해도와 수용도 제고
- 쟁점과 의제, 그리고 이해관계에 대한 사전 파악

• 절차

1. 이해당사자 개별면담
2. 조정자 소개
3. 조정자의 역할 및 조정절차 소개
4. 갈등에 대한 이해당사자의 설명 청취
5. 쟁점, 의제, 이해관계 청취
6. 다른 이해당사자와의 관계 파악
7. 개인적 검토시간 : 전략검토, 쟁점과 의제 파악
8. 합동면담 주선 : 시간, 장소, 면담테이블, 대기실…

② 머리말, 계약(합동면담 시)

• 조정에 대한 일반소개
- 법적 구속력은 없음
- 자발적이며 내용은 보안에 붙여짐
- 조정자의 역할 : 중립
- 이해당사자의 역할 : 합의는 당사자 간에 이루어지며 조정자는 조력자에 불과
- 조정절차 소개

• 협상규칙(ground rule) 합의
- 이해당사자는 발언권을 얻은 뒤 발언
- 발언은 원칙적으로 상대 당사자가 아니라 조정자에게
- 각 발언권당 할당 시간, 그날의 총협상 시간
- 타인 발언 시 경청의 의무
- 자극적인 언어 사용 불가 의무

- 필요시 조정자와 한 이해당사자 간의 비공개회의(caucus)도 가능

③ 초기 입장 탐색

- 목적
  - 당사자들의 문제 파악(쟁점, 의제, 이해관계)
  - 당사자들이 상대를 존중하고 듣는 기회 제공 : 적대적인 감정보다는 공동의 문제 해결 파트너라는 인식
  - 서로의 입장을 생산적이고 평화적인 방법으로 이야기하도록 하여 스스로 문제를 재검토하는 기회 제공
  - 과거의 다툼에서 벗어나 미래지향적 문제 해결의 자세를 마련
- 절차
  1. 먼저 시작하는 당사자 결정(대체로 피해자 쪽)
  2. 단답형이 아닌 질문을 통해 추가 정보 유도
  3. 주요 논점을 요약
  4. 쟁점을 요약하고 발언자의 이해관계를 언급
  5. 추가사항이 있는지 위 과정을 다른 이해당사자에게 반복

④ 쟁점과 의제 정리

- 목적
  - 논의의 범위 설정
  - 아직 미도출된 쟁점을 발굴
  - 의제(agenda) 정리
  - 향후 절차 진행을 위한 공동의 토대 구축(쟁점 및 의제에 대한 합의 도출)
- 절차
  1. 각자 이슈와 이해관계 적어보기
  2. 서로의 리스트를 합하여 다양한 이슈와 이해관계 적어보기(합집합)

3. 서로 유사한 것들끼리 묶기
4. 빠진 것은 없는지 확인하기
5. 종합 리스트에 합의하기

⑤ 쟁점과 대안 검토

- 목적
  - 쟁점에 대한 충분한 이해
  - 가능한 문제해결의 방향에 대한 실마리를 제공
  - 입장(position)보다는 이해관계(interests)에 초점을 맞추는 계기
- 절차

1. 하나 또는 복수의 쟁점을 선정
   - 쉬운 것부터
   - 다른 쟁점 해결의 실마리가 되는 쟁점부터
2. 쟁점을 분석
   - 각 쟁점과 연계되어 있는 이해관계 파악
   - 쟁점과 관련 있는 정보 파악
   - 쟁점과 연계되어 있는 이해당사자들 간 관계, 다른 쟁점과의 관계 등을 파악
   - 지켜야 할 객관적 기준이나 제약조건을 파악
3. 이해당사자가 대안을 제시할 준비를 하게 함
   - 반드시 충족되어야 하는 이해관계를 말하도록 하고, 이에 대한 다른 이해당사자의 공감을 형성
   - 공감/ 합의를 이룬 문제에 대해서는 별도로 기재

⑥ 문제 해결

- 목적
  - 이해당사자에게 문제 해결을 위한 책임 부여

- 입장보다는 이해관계에 초점을 맞추도록 유도
- 이해당사자가 창의적인 대안을 개발하도록 유도
- 이해당사자가 바람직한 미래의 관계에 대하여 공동 노력하도록 유도
- 문제 해결의 진전을 보지 못하고 있는 상황을 탈피
- 이해당사자가 현실성을 유지하도록 도움 제공

• 절차

1. 이해당사자 합의하에 쟁점 및 각자의 이해관계를 명확히 발굴
2. 각 의제별로 갑에게 대안을 제시하도록 유도
3. 을에게 갑의 대안에 대한 평가를 요청 : 각자의 이해관계를 얼마나 반영하고 있는지에 대한 의견
4. 갑에게 을의 평가를 반영하여 대안을 변경하도록 요청
   (3~4의 과정을 한두 차례 반복)
5. 각 의제에 대해 을로 하여금 대안을 제시하도록 하고, 이에 대해 갑이 평가하는 과정을 반복
6. 모든 의제에 대하여 위의 2~5를 적용
7. 갑으로 하여금 하나의 쟁점이 아니라 여러 쟁점에 대한 대안을 패키지로 제시하도록 요청하고, 이에 대한 을의 의견을 청취하고 대안 패키지 수정
8. 을에게도 7의 내용을 요청
9. 절차 7~8에서 좁혀진 대안 패키지를 놓고 이해관계 주고받기를 유도하여 결론 도출

⑦ 최종 결론 도출

• 각 의제에 대한 결론을 확인
• 위 결론에 기타 합의사항을 추가하여 합의 초안 작성
• 합의안에 대한 실행방안 작성

- 이해당사자가 서로 읽고 합의안을 고칠 기회 부여
- 최종 합의안 작성
- 서명

2. 중재(Arbitration)

1) 중재의 개념

중재는 중립적인 제3자가 개입되는 갈등해결의 한 형태이며, 중재인의 판정에는 구속력이 있다. 일반적으로 중재는 당사자들 간의 계약에 의해 발생하며 당사자들이 중재를 선택하기로 결정함으로써 이루어진다. 중재는 제3자를 갈등 해소에 이용한다는 측면에서 조정과 유사하지만, 중재자가 결정권을 갖는다는 점에서는 조정과 차이가 있다. 그러한 의미에서 중재는 조정에 가깝다기보다는 소송판결에 가깝다. 하지만 중재도 여러 유형이 있을 수 있으며, 결정권을 유보하는 중재도 있다(김영욱, 2009).

중재는 기본적으로 갈등당사자들의 자기 결정권을 제한하고 제3자에게 결정권을 미룬다는 제약에도 불구하고 우리나라와 같이 권위주의적인 유교문화권에서는 본래의 문화적 특성으로 인해 각광을 받을 가능성이 높다(예를 들어, 언론중재제도 등). 하지만 중재는 기본적으로 당사자 간의 커뮤니케이션을 제한하고, 쉽게 외부의 결정에 의존하려고 하는 경향이 있어 당사자 간의 이해의 폭을 넓히거나 관계를 개선하는 데 도움을 주기 어렵다. 이렇게 제3자에 의해서 주어진 결정은 지속성을 유지하기 어려울 뿐만 아니라 새로운 갈등을 야기할 가능성도 많다. 따라서 공공갈등의 경우에는 제한적으로 사용될 수밖에 없다.

2) 중재의 특징

중재는 유사한 갈등해결 수단인 소송과 비교할 때 다음과 같은 여러 가지 특징을 가지고 있다.

(1) 단심제

중재판정은 갈등당사자 간에는 법원의 확정판결과 동일한 효력이있다. 다시 말하면, 판정에 불만이 있어도 재판처럼 2심 또는 3심 등 항소절차가 없다. '확정판결과 동일한 효력'이라 함은 불복신청을 할 수 없어 당사자에게 최종적 판단으로 구속력을 갖는다는 뜻이다.

(2) 신속한 갈등 해결

소송은 대법원까지 평균 2~3년이 걸리지만, 중재는 국내중재가 약 5개월, 국제중재가 약 7개월 정도 소요된다. 신속성을 극대화하기 위하여 집중심리로 심리횟수를 줄이고 예비회의제도를 활성화하여 심리 자체의 소요시간도 단축하여 진행한다. 또한 당사자가 신속절차에 의하여 중재를 진행하기로 합의하는 경우 2~3개월 내에도 갈등해결이 가능하다.

(3) 저렴한 중재비용

중재는 단심제이기 때문에 3심제인 소송에 비해 소요되는 비용이 저렴하고, 중재관리비용은 1심 소송비용보다 저렴하다.

(4) 국제적인 인정

중재판정의 경우 『외국중재판정의 승인 및 집행에 관한 협약(일명 뉴욕협약)』에 가입한 체약국에 대해서는 외국의 중재판정을 상호 간 승인하고 강제집행을 보장하고 있다. 따라서 중재는 국적을 달리하는 기업인 간의 갈등해결 제도로서 각광받고 있다. 2017년 11월 10일 현재 뉴욕협약 가입국은 우리나라를 포함하여 총 157개국으로 전 세계 주요 교역국 간에는 중재판정의 승인 및 집행이 가능하다.

(5) 전문가에 의한 판단

중재판정은 실체적 진실을 정확하게 찾아내기 위하여 관련 분야에 해박한 지식과 경험이 있는 전문가로 하여금 사건을 검토하고 판정하도록 한다.

(6) 당사자의 중재인 선정

중재에서는 당사자가 스스로 중재인을 선정할 수 있다.

(7) 충분한 변론기회 부여

중재는 단심제로 운영되기 때문에 일단 내려진 중재판정은 변경될 수 없다. 따라서 갈등당사자는 중재인에게 충분한 변론기회와 변론시간, 그리고 증인 또는 증거물 제출기회를 요구할 수 있다. 중재판정부도 당사자들의 의견을 존중하여 절차를 진행하므로 당사자들이 충분한 변론기회를 가질 수 있고 의사표시도 자유롭게 할 수 있다.

(8) 절차의 비공개

중재절차는 비공개를 원칙으로 하고 있기 때문에 갈등당사자의 이미지가 훼손되거나 신용 실추의 우려가 없으며, 또한 영업상 비밀유지가 보장된다. 중재절차에는 중재서류 열람, 중재심리의 참석, 중재판정의 공개가 포함되며, 중재결과에 이해관계가 있는 개인이나 기업이 심리에 참석을 원하는 경우에는 사전에 중재판정부에 이해관계가 있음을 설명하고 당사자의 동의와 판정부의 허가를 받아 심리에 참석할 수 있다.

(9) 민주적인 절차진행

중재심리는 당사자의 충분한 진술기회를 보장하는 등 민주적인 방식으로 진행되며, 이러한 분위기 속에서 우의적인 해결이 이루어지는 경우가 많아 계속적인 거래관계를 유지하는 데 도움이 된다.

3) 조정과의 차이점

중재가 조정과 다른 가장 중요한 차이는 제3자의 권한에 있다. 중재인은 결정을 내리지만 조정인은 결정을 내리지 않는다. 조정인은 법원이 무엇을 할 것인지를 예상하고, 소통을 촉진하고, 제안하고, 당사자들이 상호 수용가능한 결과를 찾아내도록 도움을 주는 다양한 활동에 개입하지만 구속력 있는 강제 결정을 내리지는 않는다. 그러나 중재인은 갈등에 대해 중재판정을 내리고, 중재판정은 법원의 확정판결과 동일한 효력을 갖는다.

하지만 중재는 조정과 같은 정도의 비밀유지를 보호받지 못한다. 조정에서는 참가자들이 충분히 참여할 수 있도록 동기를 제공해야 하기 때문에 비밀을 유지하는 것이 합당하다. 여기서 말하는 충분히 조정에 참여한다는 의미는 상대방 관점을 이해하고, 타협 옵션을 제안하고, 자신의 선호도를 공개하는 것 등을 포함한다. 반면 중재는 소송과 마찬가지로 적대적 과정이기 때문에 충분한 참여 동기유발 등을 위해 꼭 비밀을 유지할 필요는 없다. 적대적 과정에서는 양 당사자들이 서로 사건에서 이기기 위해 최상의 증거를 제시하고 최상의 변론을 할 것이므로 비밀을 유지해야 하는 의무가 없는 한 당사자들이 이러한 변론을 숨길 이유가 없다. 그래서 법원과 입법부는 중재당사자들에게 조정과 똑같은 정도의 비밀보호 의무를 부여하지는 않는다. 다만 비밀유지가 꼭 필요한 경우에는 중재당사자들이 서로 비밀을 유지하기로 합의하여 계약 등에 포함시킬 필요가 있다.

4) 중재의 유형

(1) 사법상의 중재

① 민사중재

민사문제로 인한 갈등을 갈등당사자가 중재법에 정한 절차에 따라 문제를 해결하는 것을 말한다. 이 경우 제3자인 중재인에게 그 해결을 맡겨서 중재인의 판정에 복종할 것을 정하는 중재계약을 필요로 한다. 중재판정은 법원의 확정판결과 동일한 효력이 있기 때문이다. 하지만 우리나라의 경우 별도의 민사중재원을 설치하지 않고 있으며, 대신 법원에서 민사조정제도를 운영하고 있다.

② 상사중재

국내상사중재와 국제상사중재로 나눌 수 있다. 국내상사중재란 주된 주소지나 영업소가 국내에 있는 상사 간의 갈등을 해결하는 경우를 말하며, 국제상사중재란 국내상사중재 이외의 중재를 의미한다. 우리나라에는 국내상사중재와 국제상사중재까지도 담당할 수 있는 중재기관으로 '대한상사중재원'이 있다.

(2) 노동쟁의 중재

임의중재와 강제중재(직권중재)로 나눌 수 있다. 임의중재는 노사협의회의 의결사항이 의결되지 못하거나 의결된 사항의 해석 또는 이행방법 등에 관하여 노사 간에 의견이 일치하지 않는 경우 근로자위원과 사용자위원이 합의하여 협의회 내의 중재기구 또는 노동위원회, 기타 제3자에 의하여 해결하도록 하는 제도이다. 중재는 그 재정(裁定)이 내려지면 당연히 관계당사자를 구속하는 법률상의 효력을 가지기 때문에, 노사관계자의 신청에 의한 임의중재가 원칙이다.

강제중재(직권중재)란 노사관계 당사자의 신청이 없어도 행정관청의 요구나 노동위원회의 직권으로 개시되는 중재를 말한다.

임의중재는 일반사업과 공익사업을 구별하지 않고 모두 적용되는 반면에 강제중재는 필수적인 공익사업에 한하여 적용된다. 일단 중재에 회부되면 그 날로부터 15일 동안은 쟁의행위를 할 수 없다. 노동쟁의 중재는 노동위원회의 중재위원회가 담당한다.

(3) 국제중재

국제법상에서 중재는 국가 간의 갈등이 있는 경우에 당사국이 선임한 제3자의 판단에 해결을 맡기는 것을 말한다. 당사국이 제3자를 선임한다는 점에서 국제사법재판과 다르며, 제3자의 판단이 구속력을 갖는다는 점에서 국제조정과도 구별된다.

국제법상 중재재판제도가 통용된 것은 19세기 이후부터이다. 1899년 헤이그평화회의에서 체결된 '국제분쟁의 평화적 해결에 관한 조약'에 따라 1901년 상설중재재판소가 설립되었다. 1949년의 '국제분쟁의 평화적 해결에 관한 일반의정서'에 따라 당사국 간 권리의 분쟁은 특정한 사항을 제외하고는 국제사법재판소에, 그 외의 모든 분쟁은 중재재판소에 제기한다.

5) 중재의 절차

중재절차는 중재 신청 → 중재인 선정 → 중재 심리 → 중재 판정 절차 등을 총칭하는 것이다(대한상사중재원 홈페이지, 2018).

① 중재 신청

중재를 신청하고자 하는 자가 해당 중재기관에 중재신청 요건인 중재 신청서 제출과 소정의 중재비용 예납을 이행하는 절차이다.

② 중재인 선정

당사자 간의 갈등에 대하여 중재판정을 내리는 중재인을 선정하는 절차로 중재합의 또는 신청금액에 따라 1인 또는 3인의 중재판정부를 해당 갈등분야 전문가로 구성한다.

③ 중재 심리

당사자에게 구두, 서면을 통해 개별적으로 진술의 기회를 부여하는 동시에 증인 또는 증거서류를 통하여 자신의 주장을 입증하는 기회를 부여하는 절차이다. 심리는 비공개로 진행되며 통상 2~4회(신속절차는 1회) 실시된다.

④ 중재 판정

갈등의 해결을 위하여 중재인이 최종적 결정인 중재판정을 내리는 절차이다. 당사자의 합의 시 화해판정을 내리고 중재(화해) 판정 사항 미이행 시에는 강제집행이 가능하다.

PART 03

갈등관리 커뮤니케이션

제7장 의사소통의 개념

제8장 효과적인 의사소통

제9장 설득의 기술

CHAPTER 07

의사소통의 개념

1. 의사소통의 개념

1) 의사소통의 개념

의사소통(意思疏通)은 인간관계를 형성해 나아가는 데 있어 가장 기본적인 도구이자 삶의 중요한 한 부분이다.

네이버 국어대사전에서는 의사소통을 '가지고 있는 생각이나 뜻이 서로 잘 통함'으로 설명하고 있으며, 유의어인 커뮤니케이션(communication)을 '언어나 몸짓, 그림, 기호 따위의 수단을 통해 서로의 의사나 감정, 생각을 주고받는 일'이라고 정의하고 있다.

이를 보다 쉽게 이해하기 위해서는 영어의 '커뮤니케이션(communication)' 이라는 단어의 어원을 살펴볼 필요가 있다. 커뮤니케이션(communication)은 '공통되는(common)', 혹은 '공유한다(share)'라는 뜻의 라틴어 'communis(공통적으로 나눠 갖는다)'에서 유래한다. 즉, 커뮤니케이션이란 두 사람 또는 그 이상이 언어, 비언어 등의 수단을 통해 자신의 생각이나 의견, 아이디어, 경험, 노하우, 감정 등을 전달 또는 설득하고 피드백을 받으면서 상호작용하는 과정이라 할 수 있다.

사회학자인 찰스 호튼 쿨리(Charles H. Cooley, 1864~1929)는 커뮤니케이션을 '인간관계가 존재하고 발전하게 되는 메커니즘(mechanism)'이라고 정의하고 있는데, 인간은 오랜 세월 동안 커뮤니케이션을 통하여 개인 또는 사회적 관계를 형성하고 발전시켜 왔으며, 이는 곧 역사와 문화로 이어져 왔다고 할 수 있다(강길호 외. 2003). 즉, 커뮤니케이션은 혼자 하는 것이 아닌, 타인과의 교감과 나눔을 통해 이루어지는 것이며, 이는 인간이 지역사회공동체(community)를 구성하고 사회적 존재로서 각자의 역할을 하며 살아가는 것이 왜 중요한지에 대하여 설명하고 있다.

2) 의사소통의 중요성

의사소통은 자신의 생각과 감정을 타인에게 정확히 전달하고 상대방이 표현하려는 생각과 감정을 정확히 이해하고 받아들이는 것이다. 즉, 의사소통은 사람과 사람 간의 정보를 주고 받는 과정이며, 서로 간의 상호작용 도구 역할을 수행한다. 인간은 살아가면서 다양한 사람들과 관계를 형성하는데, 이 과정에서 언어적·비언어적 의사소통을 하면서 상호작용을 한다.

고선미(2017)는 현대사회에서 의사소통의 중요성을 다음과 같이 설명하고 있다.

첫째, 서로 간에 원하는 것이 무엇인가를 이해하기 위해서는 커뮤니케이션이 중요하다. 우리는 서로가 무엇을 원하는지 말이나 행동으로 표현하지 않는다면 알 수가 없기 때문이다.

둘째, 서로가 필요로 하는 정보를 공유하고 잘 설명하기 위해서다.

셋째, 서로의 문제를 잘 해결하기 위해서다. 인간관계를 하다보면 늘 새로운 문제가 발생하게 되는데 이것을 해결하는 방법 중 하나가 서로의 생각이나 느낌을 표현하는 것이다.

넷째, 서로에게 신뢰감을 주고, 더욱 친밀해지기 위해서다. 마음을 여는 방법 중 하나가 자신의 이야기를 허심탄회하게 하는 것이다. 내가 먼저 내 이야기를 하게 되면 상대방도 자신의 이야기를 하게 되고 서로를 좀 더 알게 되면서 신뢰감이 형성되게 된다.

3) 의사소통의 기능

의사소통 전문가들은 인간관계적인 측면에서 의사소통의 기능을 다음과 같이 나누고 있다.

(1) 친교기능(Affinity Function)

친교기능은 인간관계에 있어 서먹함을 해소하고 원만한 분위기를 유도하여 좋은 관계를 유지하게 하는 기능으로 말하는 이와 듣는 이의 친밀한 관계를 확인하기 위한 언어의 기능이다. 예를 들어, '안녕!, 안녕하세요?, 안녕히 주무셨습니까?, 아침 드셨어요?, 날씨 좋습니다' 등과 같이 안부를 전하며 상대방에게 관심을 표현하는 행동은 사람과 사람 사이에 보다 원만하고 친밀한 인간관계를 만들어 주는 것으로 친교적 기능을 강조한 의사소통이라 할 수 있다.

(2) 정보획득기능(Information & Understanding Function)

우리는 정보홍수시대에 살고 있다. 인터넷의 급속한 발달로 말로 전달되는 정보뿐만 아니라 다양한 대중매체를 통해서 동시다발적으로 전달되는 정보를 접하고 있다. 이러한 정보 가운데 내게 필요한 정확한 정보를 선택하기 위해서 의사소통이 필요하다. 특히 오늘날과 같은 국제화·세계화 시대에는 정보 획득을 위한 외국어의 습득과 다른 문화권에 대한 이해도 필요하다.

(3) 설득기능(Influence Function)

설득자가 원하는 방향으로 다른 사람이 행동하게 하는 의사소통의 기능이다. 설득기능은 인간의 의사소통기능 가운데 매우 중요한 기능이며 성공적인 인간관계를 위해 필요한 기능이자 자질이라고 할 수 있다.

(4) 의사결정기능(Decision Function)

의사결정이란 어떤 주체가 자기의 활동 방침을 결정하는 것, 즉 개인이나 조직이 주어진 문제를 해결하기 위하여 가능한 여러 대안(代案)을 모색하고 그중 가장 합리적이고 효과적으로 목표를 달성할 수 있는 선택과 결정을 하는 과정을 말한다.

우리는 여러 가지 다양한 인간관계 속에서 때로는 조직의 구성원으로서 조직의 이익을 위해 의사결정을 하게 된다. 이러한 경우 자신만의 결정과는 다르게 조직 전체의 이익에 부합하는 의사결정을 해야 하기 때문에 보다 복잡하면서도 세련된 의사소통체계가 요구된다. 이러한 바탕 위에서 보다 민주적인 방식으로 상대방의 의견을 수렴하고, 때로는 협상이나 조정, 투표 등의 방식 등을 통해 최선의 의사결정을 위한 노력을 하게 된다.

2. 의사소통의 구성요소

개인 간에 메시지가 교환되는 과정은 전달자, 암호화, 메시지, 전달매체, 해독, 수신자, 피드백 및 잡음 등 여덟 가지의 기본적 요소로 이루어지고 있으며, 이들 요소들은 의사소통의 양(量)과 질(質)을 결정하게 된다.

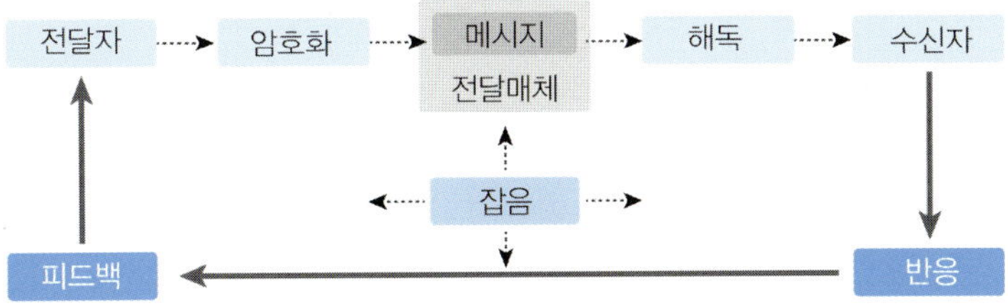

그림 7-1 의사소통 과정

1) 전달자(transmitter)

전달자란 '생각', '아이디어', '의도(intention), 의미' 또는 '정보' 등과 같은 메시지를 전달하려고 하는 사람으로, '발신자', '착상자(originator)'라고도 하며 전달하려고 하는 의도나 생각, 소식, 의견, 느낌 등은 구체적인 언어나 행동 또는 몸짓 등으로 표현된 메시지로 전환되는데 이를 '부호화' 또는 '암호화'라고 한다.

의사소통의 가장 기본적인 형태는 2인의 송수신자(sender-receivers) 혹은 몇몇 사람들 사이에서 일어나는 것이다. 내가 전하고자 하는 신호의 의미를 상대방이 이해할 때(혹은 상대방이 전하고자 하는 신호의 의미를 내가 알아차렸을 때) 의사소통은 성립된다. 이는 의사소통 주체는 '나'이지만 상대방의 관여가 없으면 무의미하다는 뜻이다. 사람들이 서로의 정보와 생각, 감정을 공유하는 행위는 일방향적으로 일어나지 않는다. 누구나 이야기를 하면, 이어서 다른 사람이 얘기하고 싶어지는 것(캔터베리효과; Canterbury Effect)이 자연스러운 의사소통으로, 이 과정에서는 상호작용이 중요하다(오미영, 2013).

2) 암호화(Encoding)

암호화는 메시지의 내용(생각 또는 감정)을 수신자가 이해할 수 있도록 글, 말, 제스처 등의 전달 가능한 형태로 바꾸는 과정이다. 다시 말해 암호화는 전달자가 전달하고자 하는 생각과 느낌을 언어(language), 어휘(words), 상징(symbol), 차트 또는 제스처 등과 같은 형태로 전환하는 구성과정을 말한다. 메시지가 수신자에게 전달되기 이전에 이루어지는 이 단계에서는 다음과 같은 두 가지 사실을 유념해야 한다.

첫째, 언어, 어휘 또는 상징은 사건이 지닌 의미인데, 이들은 같은 것이 아니라는 점이다. 다시 말해 전달자가 의사소통하기 원하는 대상(내용)과 사용하는 어휘나 상징 사이의 관계는 직접적인 것이 아니다. 따라서 전달자는 사건을 주의 깊게 구성하고 올바르게 나타낼 수 있는 어휘를 선택해야 하며, 전달자도 같은 의미를 지닌다고 믿는 상징(어휘, 제스처)을 선택해야 하며, 메시지는 전달자에게 이해될 수 있는 형태를 지녀야 한다. 그렇지 못할 때 의사소통의 곡해가 일어나고 원만한 대인관계가 이루어지지 못하게 된다.

둘째, 전달자가 언어, 어휘, 표정 또는 제스처 등으로 암호화하는 데 있어서(그리고 수신자가 해독하는 데 있어서) 과거의 경험과 태도가 영향을 미친다는 것이다. 의미는 어휘에 있는 것이 아니라 사람에게 있으므로 어휘와 상징에 대한 의미는 각자의 경험과 태도에 의해 다르게 나타난다. 따라서 전달자가 의도한 암호의 내용을 수신자가 얼마나 정확하게 해독할 수 있느냐의 정도는 송수신자가 과거에 가졌던 경험의 공통성(共通性)이 얼마나 많은가에 달려 있다고 할 수 있다.

의사소통에서 암호화의 정확도를 높이기 위해 적용할 수 있는 원칙은 다음과 같다.

① **관련성(relevancy)의 원칙** : 메시지를 관련 있고 중요한 의미를 지니는 것으로 만들고 적절한 어휘, 상징 또는 제스처를 선택하라.

② **단순성(simplicity)의 원칙** : 메시지를 가능한 한 단순하게 만들고 의도한 생각과 감정이 전달되도록 단어, 상징 또는 제스처의 수(數)를 극소화하라.

③ **조직화(organization)의 원칙** : 이해를 촉구하기 위해 메시지를 요점(point) 중심으로 조직화하라.

④ **반복(repetition)의 원칙** : 메시지의 주된 요점을 최소한 두 번 반복하라. 반복은 특히 어휘가 처음에 분명히 들을 수 없거나 충분히 이해될 수 없는 구두적인 의사소통에서 중요하다.

⑤ **초점(focus)의 원칙** : 메시지의 긴요한 부분, 즉 핵심적인 요점에 초점

을 두라. 구두적인 의사소통에서는 음조, 잠시 멈춤, 제스처 등을 바꾸어 가면서 그리고 적절한 얼굴표정을 지어가면서 주요 요점을 강조하고, 문서적인 의사소통에서는 중요한 문장, 구절 또는 단어에 밑줄을 쳐라.

3) 메시지(Message)

암호화 과정의 결과인 메시지는 의사소통의 핵심이다. 메시지는 '상대방을 이해시키려는 의도에서 만들어내는 신호'라고 할 수 있다. 그러나 메시지는 한 가지 종류가 아니며 반드시 언어를 통해 일어나지도 않는다. 물론 언어가 가장 손쉽고 효과적인 방편이긴 하지만 손짓이나 발짓, 얼굴표정 등 비언어적인 메시지나 문자나 그림, 상징 등으로 나타낼 수도 있다.

그러나 언어적, 비언어적 또는 상징으로 전달되는 메시지는 동전과 같이 양면성을 지니고 있어서 전달한 메시지와 받은 메시지가 반드시 같지는 않다는 점을 항상 유의하는 것이 필요하다.

4) 전달매체(Medium)

전달매체는 메시지를 수신자에게 전하는 수단으로 언어적, 비언어적인 것뿐만 아니라 전화기와 컴퓨터 등 전자매체도 포함된다. 특히 최근에 와서 컴퓨터 네트워크, 전자우편 및 비디오 등을 포함하는 정보기술을 통한 전자매체는 괄목할 만한 발전을 거듭하고 있다. 문자만을 다루는 PC에 그래픽, LAN, 음성 및 비디오 등 멀티미디어 환경이 갖추어지면 PC를 이용한 화상회의가 열릴 수 있다. 디지털 비디오 시대의 선두주자인 대면적인 영상회의는 새로운 의사소통의 중요한 경로가 되어 가고 있다.

여러 가지 전달매체 가운데서 어느 것을 선택하는가에 따라 의사소통의 효과가 달라지므로 목적에 따른 적절한 전달매체의 선택은 매우 중요한 문제가 될 것이다.

5) 해독(Decoding)

해독은 접수된 메시지가 아이디어, 사고 및 감정으로 해석되는 과정을 말한다. 따라서 해독과정은 전달자의 의미를 이해하는 과정이라 할 수 있는데 전달자가 뜻하는바 의미대로 수신자가 이해하지 못했다면 의사소통은 효과적으로 이루어진 것이라고 할 수 없다.

의사소통의 과정이 완전한 것이 되기 위해서는 해독되어야 하고, 이는 해석을 통해 이해에 이르는데, 이 과정 역시 수신자의 과거의 경험과 준거기준(frame of reference)에 크게 의존한다. 즉, 전달자와 수신자의 경험과 준거기준이 유사할수록 공통된 의미(common meaning)를 갖게 되는 폭이 커지고 결과적으로 이해의 정도가 높아진다.

6) 수신자(Receiver) 또는 청취자

전달자로부터 정보를 듣는 사람으로 메시지를 받는 사람, 청취자, 읽는 사람, 보는 사람을 말한다. 전달된 메시지의 종착점이라 할 수 있으며 경청, 집중, 이해, 기억, 반응 등의 요소가 포함된다.

7) 피드백(Feedback)

피드백이란 메시지에 대한 수신자의 반응이다. 의사소통은 자연발생적인 것이 아니라 의도된 것이라는 관점에서 전달자의 의도(intent)대로 전달되었는가를 확인하는 과정으로 피드백은 일방적인 의사소통이 아니라 쌍방적인 경우에 일어난다.

일방적 의사소통은 전달자가 수신자에게 메시지(정보)를 일방적으로 보내는 것인 데 반해 쌍방적 의사소통은 수신자가 다시 송신자에게 메시지(정보)를 보내기도 하는 의사소통을 말한다. 라디오나 TV가 일방적 의사소통의 예가 되고, 전화나 대화가 쌍방적 의사소통의 좋은 예가 된다. 정보의 쌍방적 흐름은 피드백 형태를 취하기 때문에 '피드백 루프(feedback loop)'라고도 하고, 호환적 성격을 지니고 있어 '의사거래적 의사소통'이라고도 하는데 쌍방적 의사소통에 있어서의 피드백에 관한 상대적인 비교와 중요성은 다음과 같다.

① 속도 면에서 일방적 의사소통이 쌍방적 의사소통 보다 빠르지만 받아들이는 가능성의 정도는 쌍방적 의사소통이 높다.
② 잘못을 감추기는 일방적 의사소통에서 더욱 용이하다.
③ 전달자의 권력보호는 쌍방적 의사소통에 비해 일방적 의사소통이 쉽다.
④ 일방적 의사소통은 계획적이고 질서정연하며 체계적이다.
⑤ 쌍방적 의사소통에서 보다 확실한 의사소통이 가능하다.

피드백은 무엇을 들었고, 무엇을 보았으며, 무엇을 읽었는지에 관한 기본적인 반응이며, 최초의 전달자에게 피드백 되면 메시지가 어느 정도로 이해되었고 수락되었는지를 알게 된다.

효과적인 피드백이 지녀야 할 특성은 다음과 같다.[1)]

① 도움이 되어야 한다. 수신자가 전달자의 정보(메시지)에 덧붙이면(add) 피드백에 도움이 된다.
② 평가(판단)적이기보다는 기술적이어야 한다. 수신자가 주관에 의해 판단(평가)적이면 피드백은 비효과적일 뿐만 아니라 의사소통의 단절과 문제를 초래하게 된다.
③ 일반적이기보다는 구체적이어야 한다. 그렇지 못하면 핑계거리가 되거

1) 김우룡 · 김해영(2014). 비언어 커뮤니케이션. 커뮤니케이션북스, p. 88.

나 이해가 덜 된다.

④ 적시적(timed)이어야 한다. 그렇지 못하면 효과가 감소되거나 무의미하게 된다.

⑤ 압도적(overwhelm)이어서는 안 된다. 메시지가 길거나 복잡하면, 그리고 특히 구두적인 메시지에서 어조가 잘못되면 비효과적인 피드백이 된다.

8) 잡음(Noise)

잡음은 메시지를 정확하게 이해하는 데 방해가 되는 것으로, 송·수신자 사이에서 발생하는 잡음은 물리적·심리적·의미적 잡음의 세 가지 종류가 있다.

물리적 잡음은 실제 외부환경에서 물리적으로 발생하는 잡음을 뜻하고, 심리적 잡음은 송수신자의 마음속에 일어나는 잡념과 같은 것으로 의사소통 행위에 집중을 못하는 심리적 상황을 말한다. 의미적 잡음은 전달되는 메시지의 의미를 전혀 몰라 의사소통 자체가 이루어질 수 없는 경우가 해당된다. 누군가 마음에 안드는 거친 표현이나 인종·성 차별적 언어를 사용하는 사람을 보면서 단정적으로 나쁘게 평가하게 되는 것도 의미적 잡음에서 비롯된다고 볼 수 있다(오미영, 2013).

9) 의사소통과 해석

진정한 소통상황이란 해석을 통해 한 개체와 다른 개체 사이에 의미공유가 일어날 때를 말한다. 예컨대 전달자가 전달하고자 한 의미가 'AB'라면, 수신자 또한 이를 'AB'로 받아들이는 것(공유)이 필요하다. 만약 'BC'로 이해한다면 진정한 의사소통은 'B'에 해당하는 부분에서만 이루어진 것으로 볼 수 있다. 의사소통 과정에서 공유는 매우 중요하며, 이를 위해서는 해석이 반드시 필요하다. 그런데 의사소통에서 해석이 필요하다는 것은 경우에 따라 오해가 생길 수 있음을 의미한다. 메시지를 보내고 받는 과정에서 서로가 최선을 다한다 할지라도 메시지가 왜곡되거나 혼란이 발생할 수 있는 많은 가능성은 여전히 존재한다(오미영, 2013).

3. 의사소통의 복잡성

원활한 의사소통을 위해서는 정보 전달자와 수신자의 메시지 전달체계를 이중구조로 이해하는 것과 자료 해석능력도 필요하다. 그뿐만 아니라 다양한사회문제와 특정이슈나 조직 내 문제도 고려해야 하므로, 사회적 관계가 확대되는 만큼 의사소통과정도 그 자체가 전문적인 부분으로 인식되고 있다.

1) 의사소통 과정의 어려움

의사소통은 실제로 매우 복잡한 과정을 거치게 된다. 전달자가 의도하는 바를 언어와 같은 전달수단에 담아야 하며, 수신자는 이를 다시 번역하여 의미를 파악하게 된다. 이러한 과정에서 전하려는 정보의 일부가 상실되거나 문화적, 언어적 차이로 의미가 왜곡되면서 의사소통의 장애가 발생하게 된다. 사회심리학자들은 이러한 메시지 전달과정에서 원래의 의미의 40~60%가 상실된다고 말한다(지속가능발전위원회, 2005; 박정호, 2015 재인용).

그 밖에 의사소통의 방해요인으로는 선택에 따라 전달되는 메시지의 의미가 달라지는 언어선택, 피해의식, 편견, 죄책감. 말하는 사람의 감정 상태, 몸동작과 말투 등에 대하여 잘못 해석하는 비언어적 수단, 일부만 듣거나 비언어적인 부분은 무시하는 수신자 왜곡, 누가 말하느냐에 따라 의미가 달라질 수는 있는 권력의 차이, 상대방이 실제로 그러한 특징을 갖고 있는지 확인해 보지 않고 가정하고 짐작해 버리는 고정관념, 자신의 과거경험에 따라 해석하는 개인적 경험과 문화적 속성 등이 있다.

〈표 7-1〉 비언어적 의사소통의 종류

방해요인	내 용
언어선택	용어의 선택
발신자의 감성상태	피해의식, 죄책감, 편견 등 감정
비언어적 수단	몸동작, 말투 등에 대한 잘못된 해석
수신자 왜곡	일부만 듣거나 비언어적인 부분을 무시
파워의 차이	발신, 수신자 간의 권력관계
고정관념	상대방이 속한 집단의 특성을 상대방에게도 적용하는 경우
개인적 경험	수신자의 과거 경험에 따른 해석
문화적인 차이	의사소통의 참여자들이 갖고 있는 문화적 속성

출처 : 박정호(2015)에서 발췌.

2) 비언어적 요소의 작용

의사소통이 복잡해지는 또 다른 이유는 비언어적인 요소가 활용되기 때문이다. 일반적으로 의사소통에서 비언어적 수단이 언어적 수단보다 더 중요한 것으로 알려져 있다. 학자에 따라서는 90% 이상이라고 말하는 경우도 있다 (지속가능발전위원회, 2005).

같은 말을 하더라도 목소리나 톤이나 몸동작에 따라 의미는 다르게 전달될 수 있다. 사람들은 언어적인 것과 비언어적인 것 사이에 어떤 것이 더 신뢰할 만한지를 판단하려고 노력하다 많은 경우 비언어적인 것을 선택한다. 또한 언어적인 것과 비언어적인 것이 조화롭지 못한 경우 상대가 무언가 숨기거나 솔직하지 못하다고 느끼게 되어 긴장과 불신이 생길 수 있다.

의사소통에서 비언어적인 요소의 기능은 다음과 같다.

첫째, 비언어적 의사소통의 요소는 언어적 요소를 보완하여 표현하고자 하는 내용을 강조하거나 반복할 수 있다.

둘째, 비언어적 요소가 언어적 요소가 상충되는 경우가 있다. 언어적으로 표현하기 어려운 상황에서 비언어적인 요소를 적절하게 활용한다면 효과적으로 전달하고자 하는 내용을 전달할 수 있다.

셋째, 비언어적 요소는 감정을 표현한다. 사람의 감정은 말보다 비언어적 요소에 의해 더 강하게 전달될 가능성이 많다. 간혹 언어적으로 상대방을 이해한다고 말하면서 전혀 이해할 수 없다는 생각을 할 경우 표정으로 이러한 감정이 드러날 가능성이 높아 신뢰가 깨질 수 있다. 또는 대화를 하면서 시계를 자주 본다면 대상자는 자신과의 대화가 지루하다고 생각한다거나 다른 약속이 있어서 빨리 가고 싶어 하는 것으로 느낄 수 있어 불필요한 오해를 살 수 있다.

언어를 사용하지 않는 비언어적 의사소통은 한 사람에게서 다른 사람에게로 정보가 전달되는 가장 기본적이고 원시적인 형태의 의사소통이다. 그러나 비언어적 의사소통은 인간관계를 이해할 수 있는 중요한 의사소통의 한 방법이며 언어적 의사소통의 내용과 상반된 메시지를 전달하거나 매우 중요한 정보의 근원이 되므로 주의가 필요하다.

3) 공공갈등에서의 의사소통

공공갈등에서 의사소통이란 공공기관이 법안이나 정책을 입안하거나 결정, 집행하는 과정에서 갈등이 발생하거나 갈등이 발생할 개연성이 높은 상황에서 이해당사자 간에 이루어지는 의사소통을 말한다(지속가능발전위원회, 2005).

공공갈등에서 이루어지는 의사소통도 사적인 의사소통과 마찬가지로 갈등관계의 상대와 관련 이슈 및 입장의 대립과 갈등이 존재하며, 원만한 대화의 진행을 위해 제3자의 도움이 필요한 경우가 있다. 그러나 공공갈등은 많은 경우에 갈등과 관련된 다양한 이해관계자가 있고, 이들 이해관계자들이 집단을 이루고 있는 경우가 대부분이기 때문에 사적인 관계에서의 의사소통과는 다른 다음과 같은 몇 가지 특징을 지니고 있다.[2)]

첫째, 사적인 갈등에서 의사소통의 주체가 의사소통에 참여하는 개인인 경우가 많지만 공공영역에서 발생하는 갈등에서 의사소통의 주체는 집단을 대표하는 대표자인 경우가 많다.

둘째, 대표의 의사소통은 그 집단의 입장과 이해를 반영한다.

셋째, 공공갈등은 대체로 집단적인 이해 갈등을 수반하는 경우가 대부분이고, 갈등 당사자는 자신들의 주장을 관철하기 위해서 집단적인 의사표현을 하는 경우가 많다. 예를 들어, 노동자가 임금인상을 위해 머리에 붉은 띠를 두르고 노동운동가를 부르는 것은 대표적인 의사표현임과 동시에 상대를 향한 의사소통의 한 방법이다.

넷째, 공공갈등의 경우 사적인 갈등에서와는 다르게 자신의 입장이나 이해를 관철하기 위해 대중매체, 시위, 집회 등 다양한 의사소통수단을 활용하는 경우가 많다.

다섯째, 공공갈등의 경우 다양한 이해관계자가 존재하기 때문에 공공기관과 일반 대중 간의 이해관계뿐 아니라 이외에도 공공기관 내부의 이해관계, 일반대중 내부에서의 이해관계가 서로 충돌하는 경우가 많고, 이해관계에 따라 의사소통 방식과 수단이 달라진다. 예를 들어, 입장 차이가 적은 집단 간에는 의사소통과정이 비공개로 진행되는 경우가 많은 반면, 적대적인 집단 간에는 공개적인 방식으로 진행되는 경우가 많다.

여섯째, 사적 갈등과는 달리 공공갈등에서는 공식적인 기구를 만들어 논의를 하는 경우가 많고, 원만한 진행을 위해 이해관계자 간에 사전규칙을 정하고 진행하는 경우가 많다.

일곱째, 사적인 갈등에 비해 공공갈등에서는 실익보다는 집단적인 명분에

---

2) 지속가능발전위원회(2005). 공공갈등관리의 이론과 기법 下. 논형. pp. 49-50.

집착하는 경우가 많고, 합의형성까지 오랜 시간이 소용되는 경우가 많다.

최근 공공갈등은 이해갈등(interest conflict)과 이념적 · 종교적 · 문화적 차원에서의 인식 차이로 인한 가치갈등(value conflict) 그리고 정부의 갈등관리 방식에 대한 불만과 정부에 기본 신뢰감 부족에서 비롯되는 신뢰갈등(trust conflict)등이 반영되어 복합갈등 양상이 나타나고 있다(최성두, 2009; 정정화, 2011; 윤종설 · 주용환, 2014, 박정호, 2015 재인용).

복합갈등의 원인은 정책의 주체이자 갈등의 주체인 정부와 주민 간의 관계가 어긋나면서 시작된다. 그 사이 주민은 정부의 의사결정과 집행과정에 대해 불신을 갖고, 정부는 주민을 비협조자로 간주하면서 관계가 와해되는데(김도희, 2013; 윤종설 · 주용환, 2014; 박정호, 2015 재인용). 이는 의사소통적 합리성 달성을 통해 해결할 수 있다(김도윤, 2009; 윤종설 · 주용환, 2014; 박정호, 2015 재인용).

반면 공공갈등에서 의사소통 능력이 부족하면 갈등 증폭의 요인으로 작용한다. 갈등문제는 많은 경우 감정적인 대응과 다툼으로 변질된다. 이 경우 갈등문제의 본질적 부분을 건드리기보다 감정의 고조에 따른 갈등의 증폭으로 문제가 더 악화될 가능성이 크다(홍성만 · 최홍석, 2008; 박정호, 2015 재인용). 특히 최근의 공공갈등에서 복합갈등 특징을 고려한다면 의사소통 능력은 더욱 중요하고 전문적인 부분이라 볼 수 있다.

CHAPTER 08

효과적인 의사소통

의사소통은 언어적, 비언어적 요소를 사용하여 서로의 생각이나 마음 및 정보를 주고 받으며 자신과 상대를 이해하는 과정이다.

일반적으로 인간은 언어를 사용하여 자기의 생각이나 느낌을 이야기하고, 서로의 정보를 교환하고, 지식을 전달하게 된다. 이러한 언어적 의사소통과 함께 표정이나, 몸짓, 기호 등의 비언어적인 요소를 통해서도 의사소통이 이루어진다. 의사소통이라고 하면 먼저 언어적인 의사소통을 떠올리게 되지만 실제로는 비언어적인 부분이 의사소통에 더 많은 영향을 준다. 따라서 효과적인 의사소통을 위해서는 언어적 의사소통뿐만 아니라 비언어적 의사소통 또한 간과하지 말아야 한다.

1. 비언어적 의사소통

비언어적 의사소통은 언어적 표현으로 할 수 없는 감정적인 면이 표현되므로 중요성이 강조된다. 비언어적 표현은 상대방의 감정과 사고를 정확하게 이해하는 데 중요한 단서가 되기도 한다. 비언어적 표현의 요소는 목소리의 강약, 억양, 속도와 같은 준언어적인 부분과 제스처, 시선, 표정 등의 신체요소 그리고 근접거리, 장소 등의 공간요소가 있다.

1) 목소리

사람의 목소리는 개별적인 특징을 지니고 있기 때문에 목소리로 사람의 성별, 나이뿐 아니라 건강상태, 감정상태 및 정서 상태를 파악할 수 있다. 대개 큰 목소리는 열정적이고 확신에 찬 이미지를 나타내는 반면 공격성이나 과장된 자아 등을 나타내기도 한다. 이에 비해 작은 목소리는 무기력과 나약함, 열등감 등의 이미지를 나타낸다(이창덕, 2006).

억양이란 소리의 높낮이의 이어짐에 의해 이루어지는 일정한 유형이라 할 수 있다. 억양에는 발화의 의미와 태도가 드러나 있기 때문에 이를 잘 이해해야 정확한 의미를 전달할 수 있다. 동일한 문장이라도 억양을 상승조로 하느냐 하강조로 하느냐에 따라 의문문도 되고 평서문도 된다. 이 경우 억양은 문장의 유형을 결정하는 문법적 기능을 담당하고 있다. 또 억양은 이러한 문법적 의미 외에 화자의 태도를 드러내기도 한다. 하강 억양은 완결의 의미를 나타내고 상승억양은 미완의 뜻을 나타낸다. 대개 억양이 없는 단조로운 어조로 하는 말은 상대방에게 무미건조한 사람이라는 인상 내지는 별로 말하고 싶지 않은데 마지못해 말을 하는 인상을 줄 수 있다. 반면 필요 이상으로 억양의 변화가 심한 말은 상대방에게 뭔가에 대해서 흥분하고 있거나 과장하고 있다는 느낌을 줄 수 있다(이창덕, 2006).

2) 얼굴표정

사람들은 대개 상대방의 얼굴을 보는 것으로부터 의사소통 행위를 시작한다. 따라서 상대방에 대한 일차적인 정보는 대개 그 사람의 얼굴 표정을 통해서 얻게 된다. 사람의 얼굴 표정에는 나이, 건강상태, 사회적 신분이나 성격 등의 대략적인 신상 정보는 물론 희로애락(喜怒哀樂)과 같은 기본적인 감정상태, 놀라움이나 두려움, 증오심, 질투, 혐오감 등과 같은 복합적인 감정 상태까지도 그대로 나타난다(김우룡 · 김해영, 2014).

얼굴은 비언어적 커뮤니케이션 행위 가운데 가장 중요한 부분으로 많은 정보를 보낼 수 있으며, 표정은 개인의 성격 관심 반응에 대한 정보 및 감정의 상태를 전달해 주는 다면적 메시지 체계(multi-message system)이다. 이러한 맥락에서 상대방의 얼굴 표정은 음성언어의 의미를 제대로 파악할 수 있도록 도와주는 훌륭한 보조수단이 된다.

오래 전부터 얼굴 표정은 그 사람의 감정 상태나 거짓 여부를 판단하는 데 주요한 고려 대상이 되어왔다. 상대방과 좋은 관계를 맺기 위해선 미소를 짓는 얼굴이 확실히 효과가 있지만, 그렇다고 언제나 미소가 긍정적으로 인식되는 것은 아니다. 경우에 따라 미소는 상대방의 말이나 행동에 대한 불신을 표현하는 의미로 해석될 수도 있다. 또 무표정한 얼굴 표정보다는 상대적으로 표정이 풍부한 얼굴이 보다 긍정적인 이미지를 전달하는 것은 확실하지만 감정을 노출함으로써 발생할 수 있는 불이익을 최소화할 수 있기 때문에 협상테이블에서는 무표정한 포커페이스가 훨씬 유리하다. 이러한 점들을 고려한다면 의사소통 상황과 맥락에 따라 얼굴 표정을 관리하는 일은 매우 중요하다(이창덕, 2006).

3) 시선접촉(눈 맞춤, eye contact)

시선접촉은 의사소통의 중요한 수단이다. 눈은 사람의 감정 상태에 대해 많은 것을 전달한다. 시선접촉은 의사소통에 참여 여부를 알리는 표시를 나타내고 민감성과 이해를 나타내는 지표이다. 시선접촉이 없는 것은 진실성이나 관심이 없는 것으로 해석하기도 한다. 상대에게 시선을 집중하는 것이 중요하지만 지나치게 응시하거나 뚫어지게 쳐다보게 되면 무례함이나 화가 난 것으로 받아들여질 수 있다(설진화, 2014).

4) 신체접촉

신체접촉 역시 중요한 비언어적 의사소통의 수단으로 이용된다. 신체접촉은 두려움, 사랑, 불안, 온정, 냉정함과 같은 매우 넓은 영역의 감정이나 느낌을 전달해 준다. 가령 상대방의 등을 톡톡 두드려 주면서 손을 꼭 쥐어주는 등의 신체접촉은 열 마디 말보다 훨씬 더 깊은 신뢰감과 격려의 메시지를 전달해 준다. 사람들은 이러한 신체 접촉에 의해서도 서로 메타 메시지를 주고받는데, 여기에는 애정이나 동정심과 같은 긍정적인 것도 있고, 분노나 증오감과 같은 부정적인 것들도 있다. 그러나 일반적으로 신체접촉은 신뢰감과 관심, 애정이나 격려와 같은 긍정적인 메시지를 전달한다.

신체 접촉 행위를 통해 문화적인 상대성을 엿볼 수도 있다. 아랍이나 중남미문화권에서는 신체적인 접촉 행위를 좋지 않게 생각하는 반면, 북미 문화권에서는 이러한 접촉을 긍정적으로 생각하는 경향이 높다. 또 서양인은 동양인에 비해서 신체 접촉의 빈도가 훨씬 더 높고 신체 접촉을 자연스러운 양상으로 인식하고 받아들이는 경향이 있다. 이러한 신체 접촉이 허용되는 부분은 대개 문화적으로 규정되어 있을 뿐만 아니라 신체 접촉은 그것이 내포하는 잠재된 성적 의미 때문에 아주 조심스럽게 행해진다(이창덕, 2006). 접촉에 대한 개인적인 반응은 말하는 사람의 성별, 나이, 기대, 문화적 배경, 관계의 정도 등에 따라서 영향을 받으며 관심이나 동감, 돌봄, 같은 것을 표현하거나 전달하는 방법이 될 수 있다. 하지만 신체적인 접촉은 성적인 표현으로 해석될 가능성이 많이 있기 때문에 합리적으로 사용하여야 한다(보건복지부, 2011).

5) 물리적 거리

대화에서 상대방과의 거리는 중요한 비언어적 요소이다. 거리는 상대와의 관계를 반영하여 적당한 접촉이 가능한 정도를 유지해야 한다. 너무 밀접한 거리를 유지한다거나 반대로 손이 전혀 닿을 수 없는 먼 거리를 유지하는 것은 의사소통을 효과적으로 이끌어 가는 데 바람직하지 않다.

에드워드 홀(Edward T. Hall, 1995)은 인간관계의 다양한 거리에 대해 연구하여 인간은 타인과의 관계에 따라 공간의 크기를 선택한다고 주장하였다. 그리고 근접학(proxemics)이라는 개념을 통해 인간관계의 거리를 밀접한 거리, 개인적 거리, 사회적 거리, 공적인 거리 등 네 가지 유형으로 분류하였다.

밀접한 거리(intimate distance zone, 0~46cm 미만)는 촉감이 소리보다 우선 자각되는 거리이다. 언어보다 촉각, 후각 등의 감각이 소통수단이 되며, 가족이나 연인처럼 서로의 친밀도가 가장 높은 관계에서의 거리이다. **개인적 거리**(personal distance zone, 46cm~1.2m)는 손을 내밀면 닿을 수 있는 작은 보호영역이다. 그러나 접촉보다는 주로 대화로 의사소통하며, 친한 친구나 잘 아는 사람들 사이의 일상적 대화의 간격으로 공식과 비공식의 경계지점이다. **사회적 거리**(social distance zone, 1.2~3.6m)는 비개인적인 업무가 행해지는 거리로 스킨십이 허용되지 않기 때문에 격식을 갖추는 예의가 요구되며 소그룹의 회의와 모임 등이 여기에 속한다. **공적인 거리**(public distance zone, 3.6~7.5m)는 개인과 대중의 형식적 접촉으로 비언어적 의사전달 수단이 필요하다. 교사와 학생, 연극배우나 가수, 강사와 청중 사이의 연설이나 강의 등에 유지되는 거리가 이에 속한다(신은희, 2016).

2. 언어적 의사소통

언어적 의사소통은 직접적으로 상대방에게 말을 하거나 문장으로 표현하는 것을 말한다. 언어는 사람의 태도나 생각 같은 정교한 개념들을 가장 효과적으로 전달해 주기 때문에 가장 간편하고 만족스러운 소통방법이라 할 수 있다. 그러나 감정이나 의미의 미묘한 차이를 효율적으로 전달하기 어려우며, 언어에 대한 편차와 어휘의 풍부 또는 제한 등과 같은 언어적 요소의 특징도 작용한다. 그뿐만 아니라 언어적 의사소통에는 사회・문화적인 요소나 각자의 서로 다른 경험이 함께 작용해 오해나 왜곡이 발생할 수도 있다.

다음은 셰퍼(Scheafor, 1991)가 주장하는 좋은 의사소통의 기반이 되는 태도이다.

① 모든 인간은 독특하고, 그 결과 누구나 독특한 방법으로 사건을 인식하고, 경험하고, 상호교환 한다는 것을 이해한다. 그러므로 어느 정도의 오해가 있을 수 있음을 예상하고 이러한 문제를 최소화하려는 자세가 필요하다.
② 다른 사람이 이해하기 쉽도록 자신의 생각을 가다듬어 효율적으로 표현해야 한다.
③ 다른 사람이 하고자 하는 말을 있는 그대로 들을 수 있도록 자신의 방어를 줄이도록 노력한다.
④ 자신에게 말하고 있는 사람의 말을 주의 깊게 듣는다.
⑤ 자신의 생각, 느낌, 행동에 대한 책임을 느낀다.
⑥ 상대방을 이해하고 이해시키기 위해 의사소통에 필요한 충분한 시간을 가져야 한다.

의사소통에서 메시지 전달자는 자신의 메시지가 쉽게 수신되고 오해받지 않는 방법으로 전달되도록 할 책임이 있다. 또한 수신자는 전달자가 의도한 대로 정확하게 수신하고 왜곡하지 않을 책임이 있다.

듣는 입장에서 메시지를 수신할 때 다음의 규칙을 기억한다.[1)]

① 말하는 동안에는 들을 수 없으므로, 말하는 것을 멈추고 들어야 한다.

---

1) Sheafor, Bradford W.Horejsi, Charles R.Horejsi, Gloria A(1997), 남기철·정선욱·조성희 옮김. 사회복지실천 기법과 지침. 나남출판, p. 188.

② 전달자를 편안하게 해주고 불안을 줄이기 위해 할 수 있는 노력을 기울인다.

③ 전달자에게 주의를 집중하여 당신이 듣고 싶어 한다는 것을 보여주어야 한다.

④ 전달자가 말을 할 때 참을성 있게 듣고, 도중에 말을 끊지 말아야 한다.

⑤ 당신이 더 잘 이해하기 위해서 혹은 전달자가 자신의 메시지를 정확히 전달하도록 돕기 위해서 질문을 한다.

⑥ 감정적으로 동요하는 것을 통제한다. 의사소통에 장애가 발생할 수 있으므로 당신의 가치나 윤리에 어긋난다 하더라도 의사소통을 가로막는 비판이나 논쟁을 하지 않는다.

메시지를 전달할 때는 다음의 규칙을 따른다.[2)]

① 명확하고 단순한 말을 사용하며, 분명하고 너무 빠르지 않게 말한다.

② 수신자와 적절하게 눈을 맞추고, 몸짓을 사용할 때는 전달하는 메시지의 내용과 일치하도록 주의한다.

③ 너무 많은 정보를 전달하여 수신자를 압도하지 않는다. 길고 복잡한 메시지는 몇 개의 부분으로 구분하여 보다 쉽게 이해될 수 있게 한다.

④ 수신자가 자신이 전달한 메시지를 잘 이해했는지 질문이나 코멘트 등의 피드백을 통해 확인한다.

2) Sheafor, Bradford W.Horejsi, Charles R.Horejsi, Gloria A(1997), 남기철·정선욱·조성희 옮김. 사회복지실천 기법과 지침. 나남출판, p. 188.

3. 효과적인 의사소통

1) 듣 기

의사소통에서 말하는 사람은 자신의 주관적인 생각과 의미를 객관적인 언어로 표현하지만, 듣는 사람은 말하는 사람이 전달한 객관적인 언어로 표현된 의미를 자신의 주관적인 이해를 통해 듣게 된다. 잘 듣기 위해서는 진정으로 상대방이 말하려고 하는 의미를 파악하려 하고 상대방의 입장에서 이해하고자 노력해야 한다. 듣는 기술 가운데 가장 좋은 것은 타인을 배려한 공감적 듣기 방법이다. 이는 자신보다는 상대방의 입장에서 상대방을 이해하려는 태도로 듣는 것을 말하는데, 그 자체만으로도 상대방의 마음을 열고 들어갈 수 있으며, 상대를 이해한 경우에는 자신을 이해시킬 수 있으므로 상대방을 설득할 수 있다(보건복지부, 2011).

(1) 잘 듣기 위한 방법

듣기는 종류에 따라 필요한 정보를 문의하여 사실을 알아보는 사실적 듣기, 상대방의 말을 분석하고 비판하는 비판적 듣기, 그리고 상대방의 입장에서 이해하려는 공감적 듣기가 있다.

공감적 듣기는 상대의 심리적, 감정적인 상태를 이해하는 데 일차적 목적을 두기 때문에 비언어적 유형의 언어를 동원하여 상대방의 눈을 바라보면서 상대방의 표현에 적절히 반응하면서 들어야 한다. 상대방의 말에 집중하면서 그 말에 대해 비판 없이 반응하므로 상대는 충분히 존중받는다고 느끼게 되고 결과적으로 대화를 효과적으로 지속할 수 있게 된다. 공감적 듣기는 소극적인 방법과 적극적인 방법이 있다. 소극적 듣기는 상대방의 말에 맞장구를 치며 공감하는 방법으로, "그러셨군요", "정말이에요?", "그래서요?" 등과 같이 짧게 호응하는 말을 하면서 상대방이 자신의 말을 계속 할 수 있도록 하는 것이고, 적극적 듣기는 상대방이 한 말을 자신이 이해한 대로 다시 정리하여 말하는 것이다.

(2) 듣는 것을 방해하는 요인

보건복지부, 의사소통의 실제(2011)에서는 의사소통에서 효과적인 듣기를 위해 고려해야 하는 듣기를 방해하는 요소에 대하여 다음과 같이 설명하고 있다.

첫째, 상대방이 말하고자 하는 내용에 듣는 사람이 주의를 집중하지 않는 태도이다. 말하는 사람의 발음이나 태도 또는 사투리나 오류 등 사소한 것에 빠지면 상대방이 말하고자 하는 내용을 잘 들을 수 없다.

둘째, 말하는 사람의 말을 끝까지 듣지 않는 태도이다. 듣는 사람이 상대방의 말을 끝까지 듣지 않고 성급하게 스스로 결론을 내린다거나 너무 어렵다고 판단하거나 또는 너무 쉽다고 판단하여 자세히 듣기를 포기하는 것이다. 말하는 사람이 말하고자 하는 내용을 끝까지 들으면 듣는 사람이 성급하게 결론 내린 내용이 아닌 다른 이야기일 가능성이 충분히 있다.

셋째, 지엽적인 내용에 집착하는 태도이다. 전체적인 맥락을 고려하지 않고 귀에 거슬리는 일부 내용이나 자신의 마음에 드는 내용에만 집중하는 것이다.

넷째, 상대방이 자신의 견해와 상반되는 내용을 주장할 때 감정을 앞세우는 태도이다. 상대방이 자신의 견해와 상반되는 주장을 할 경우에도 상대방이 말하고자 하는 내용을 충분히 말할 수 있도록 기다려 주고, 말하는 내용을 이해한 대로 정리하여 재확인한다면 상대방이 오해하고 있는 내용에 대해 차분히 설명할 수 있다. 그러나, 상반된 주장에 대해 감정을 앞세워 응대한다면 대화는 계속해서 이어져 나가기 힘들 것이다.

2) 말하기

말하기란 효과적으로 자신의 느낌과 생각, 욕구를 표현함으로써 상대방과 원활한 대화를 하는 것이다. 효과적인 말하기는 쌍방이 서로 존중하면서 자신의 진심이 상대방에게 전해지고, 상대방의 진심도 나에게 전달되어 서로 합의점을 찾아나갈 수 있도록 하는 대화를 의미한다. 따라서 상대방을 조정하고 통제하려는 말하기 기술과는 구별된다. 의사소통은 상호작용을 통해 이루어지므로 대화를 하는 어느 한 사람이라도 효과적인 말하기를 한다면 불필요한 갈등이나 오해를 줄이고, 서로의 욕구를 이해하고 합의해 나갈 수 있다. 이러한 말하기는 상대방을 온전히 존중할 때 가능하며, 따라서 효과적인 말하기는 결국 자신과 상대방에 대한 이해를 넓히고 수용하는 과정이다(보건복지부, 2011).

(1) 효과적인 말하기 방법

보건복지부, 의사소통의 실제(2011)에서는 효과적인 말하기에서 주의할 내용을 다음과 같이 설명하고 있다.

첫째, 자신의 감정에 정직해야 한다. 듣는 사람의 기분을 좋게하기 위해 자신의 감정을 속이고 대화를 하면 상대방은 당신이 진실하지 않은 사람이라고 판단할 수 있다.

둘째, 상대의 말을 수용하고 자신의 생각을 정리하여야 한다. 말하기 이전에 상대방이 하는 말을 그대로 받아들이고 그 내용을 정리하여 자신의 생각을 정리해서 말해야 한다.

셋째, 분명하게 의사전달을 하여야 한다. 특히 상대가 잘못된 지식을 가지고 있어 오해가 있는 경우에는 분명한 자신의 의견을 전달하더라도 완곡하고 정중한 표현으로 자신의 의견을 말하는 것이 필요하다.

넷째, 비판적인 단어를 사용하지 않아야 한다. 상대의 생각에 오해가 있더라도 그 내용을 비판적인 단어를 사용하여 설명해서는 안 된다.

"아, 그렇게 생각하셨군요. 그런 오해가 충분히 있을 수 있겠습니다. 하지만 그 내용은 사실…."과 같은 표현으로 완곡하게 표현해야 한다.

다섯째, 특정 상대를 지칭하거나 비판하지 말아야 한다.

여섯째, 부정적인 비교를 하지 말아야 한다.

일곱째, 지나간 나쁜 내용을 회고하거나 상기시키지 않도록 한다.

여덟째, 상대방을 감정적으로 공격하거나 위협하는 말을 하지 않아야 한다.

효과적인 말하기 방법으로 I-Message 전달법(나-전달)이 있다. I-Message 전달법(나-전달)의 내용은 다음과 같다.

- '나'의 생각이나 감정을 전달할 때는 '나'를 주어로 말한다.
- 상대방의 행동과 상황을 있는 그대로 비난 없이 구체적으로 말한다.
- 상대방의 행동이 나에게 미치는 영향을 구체적으로 말한다.
- 그 상황에 대해 내가 느끼는 바를 진솔하게 말한다.
- 원하는 바를 구체적으로 말한다.
- 전달한 말을 건넨 후 상대방의 말을 잘 듣는다.

3) 효과적인 의사소통 기술

(1) 적극적 경청

적극적 경청은 상대방이 이야기할 때 잘 듣고 기억해서 상대방의 메시지를 정확하게 받아들여 이해하고 있음을 상대방에게 전달하는 것이다. 즉, 상대방으로 하여금 자신이 이해받고 있다는 느낌이 들도록 하는 것이다. 예를 들어, 상대방이 한 말 중에서 불확실하거나 이해가 되지 않는 부분에 대해서 질문을 하거나, 자신이 이해한 내용을 상대방에게 확인하는 발언을 하고, 때로는 상대방의 발언 내용과 감정에 대해 공감하는 발언 등을 들 수 있다.

세퍼 등(Shefor, et al., 1997)이 말하는 적극적 경청의 요령은 다음과 같다.

첫째, 상대방이 표면적으로 나타내는 말뿐만 아니라 그 이면에 숨겨져 있는 감정까지도 세심하게 살핀다.

둘째, 상대방의 말을 잘 들으면서 흥미를 나타내는 어조를 구사한다.

셋째, 상대방의 말을 잘 듣고 있다는 것을 나타내는 몸짓(표정, 눈빛, 고개를 끄덕이는 일)을 적절히 사용한다.

넷째, 상대방이 한 말 중에서 불분명하거나 추가적인 정보가 필요하면 적절한 질문을 한다.

다섯째, 무엇을 주장하거나 의견제시를 위한 말보다는 상대방을 보다 더 잘 이해하기 위한 말을 한다.

(2) 질문하기

의사소통 과정에서 질문은 상호작용을 촉진시키는 중요한 수단이다. 질문하기는 상대방에게 추가적인 정보를 요청하고 상대방의 태도, 감정, 의견을 확인하는 의사소통 표현이다. 상대방에게 질문을 하면 상대방이 말하는 내용이나 생각, 감정에 귀를 기울이고 있다는 것을 전달할 수 있다. 질문하기는 상대방의 사고에 근거해서 이루어지기 때문에 반영적 고찰(self-reflection)을 자극하는 한 방법이다. 따라서 질문을 하는 동안 적극적 경청을 활용하여 상대방의 말을 명확하게 이해하고 이에 대한 피드백을 제공해 주어야 한다(설진화, 2016). 그러나 적절하지 못한 질문은 상대방을 당혹하게 하거나 조롱과 비난으로 받아들여져 상대방과의 관계를 악화시킬 수 있으므로 주의가 필요하다.

① 질문의 유형[3)]

사람들은 다른 사람의 이야기를 듣는 즉시 누구나 자기 생각으로 이해를 하기 때문에 질문을 잘 하지 않는다. 즉, 자신만의 필터를 통해서 자기 식대로 받아들이기 때문에 상대방의 이야기가 궁금하지 않다고도 할 수 있다.

또 다른 이유는 보통 질문은 따지기 위해서나, 나의 의도를 강압적이지 않게 표현하는 방식으로 쓰는 경우가 많아 질문을 불경스럽게 생각하는 경향이 있기 때문이다. '따지기식 질문'이나, '나의 의도를 관철시키기 위한 질문'도 때로는 필요하겠지만 다른 사람의 이야기를 들을 때 먼저 판단하지 말고, 잘 듣기 위한 방법으로써의 질문, 호기심을 충족시키는 질문을 통해 상대의 정보를 더 구체적으로 얻을 수도 있다.

- **따지기식 : 왜? 도대체?**
  "왜 이렇게 늦은 겁니까?". "도대체 뭔 일을 이렇게 한 거야?"
- **이끌기형 : 하고싶은 이야기를 숨기고 질문을 통해 의견을 표현**
  "이번 회의 주제는 갈등예방 계획을 수립하는 것이므로 그 말씀은 다음 회의 때 더 구체적으로 논의하는 것이 적절하지 않을까요?"
- **복합형: 문제에 초점을 두고, 잘못되었음을 표현하기 위함**
  "일이 왜 이렇게 된 거지요?",
  "저번에도 이번과 비슷하거 아닙니까? 어째서 계속 이런 식인지 확실히 말씀하셔야 하지 않겠습니까?"

상대의 이야기를 잘 듣고 정보를 탐색하기 위한 질문을 하려면 열린 질문 형태를 더 많이 활용할 필요가 있다. 자신이 이해한 것을 명확히 하기 위해 한정된 답을 구하는 '닫힌 질문'이 필요할 때도 있지만, 상대로부터 더 많은 이야기를 끌어내고 정보를 얻기 위해서는 열린 질문의 형태가 도움이 된다.

---

3) 국민대통합위원회(2014). 소통과 갈등관리 방법찾기. 교보문고, pp. 102-103.

일반적으로 질문의 주도권은 질문하는 사람에게 있다. 질문을 하면 반드시 대답을 하게 되어 있다. 질문자의 의도대로 이야기가 이끌려 오는 것이다. 그러한 점에서 질문을 받는 것을 불편해하기도 한다. 반면 열린 질문은 주도권을 질문받는 사람에게 넘기는 것이다. 열린 질문을 하면 질문받는 사람이 자기 마음대로 자신이 하고 싶은 이야기를 할 수 있기 때문이다.

그런데 우리는 따지기식 질문에 익숙하기 때문에 질문할 때는 적어도 '궁금해서 그렇다'는 것을 밝힐 필요가 있다. 궁금해서 물어보는 질문으로 상대가 이해하고 대답하도록 하기 위해서 질문하는 태도, 목소리의 톤도 매우 중요하다. 목소리의 톤을 부드럽게 하고 '왜'라는 직접적 질문보다는 "좀 더 자세히 말씀해 주세요"라는 식으로 보다 구체적으로 적용하는 것이 바람직하다.

- **닫힌 질문 : 예, 아니요 등 한정된 답을 듣기 위한 질문**
  "이번 모임은 오전이 좋겠습니까? 오후가 좋겠습니까?", "이제 그만 마칠까요?"
- **가정된 결론을 유도하는 질문 : 이끌기형과 비슷, 결론을 유도함**
  "지금으로서는 오늘 이야기한 계획이 가장 최선이라고 생각되는데 어떠신가요?
- **열린 질문 : 질문받는 사람이 자유롭게 의견을 이야기할 수 있도록 함**
  "이 문제에 대해 어떻게 생각하고 있나요?"
  "좀 더 재미있는 교육이 되도록 하려면 무엇이 필요할까요?"

② 질문이 가지는 여섯 가지의 아주 특별한 힘[4)]

- 질문을 하면 답이 나온다. 질문을 받으면 대답을 하지 않을 수 없다. 이러한 의무감을 응답반사라고 부른다.
- 질문은 생각을 자극한다. 질문은 질문을 하는 사람과 질문을 받는 사람의 사고를 자극한다.

---

4) Dorothy Leeds 저, 노혜숙 역(2005). 질문의 7가지 힘. 더난출판, p. 25.

- 질문을 하면 정보를 얻는다. 적절한 질문을 하면 원하고 필요로 하는 정보를 얻을 수 있다.
- 질문을 하면 통제가 된다. 모든 사람은 스스로 상황을 통제하고 있을 때 편안하고 안전하게 느낀다. 질문은 대답을 요구하므로 질문을 하는 사람이 유리한 입장에 서게 된다.
- 질문은 마음을 열게 한다. 사람들은 자신의 사연, 의견, 관점에 대한 질문을 받으면 우쭐해진다. 질문을 하는 것은 상대방과 그의 이야기에 관심을 보여주는 것이므로 과묵한 사람이라도 자신의 생각과 감정을 드러낸다.
- 질문에 답하면 스스로 설득이 된다. 사람들은 누가 해주는 말보다 자기가 하는 말을 믿는다. 사람들은 자신이 생각해 낸 것을 좀 더 쉽게 믿으며 질문을 요령 있게 하면 사람들의 마음을 특정한 방향으로 움직일 수 있다.

(3) 반영하기(Reflecting) 및 공감하기(Empathy)

의사소통에서 상대방의 이야기를 정확하게 이해하고 정서적인 측면을 공감하는 것은 매우 중요하다.

'반영하기'는 상대방의 표현내용에 대한 사실적 이해 또는 정서적 이해를 보여주는 의사표현을 말한다. '공감하기'는 상대방의 감정, 사고, 행동, 동기 등과 같은 상대방의 경험을 민감하게, 그리고 주의 깊게 이해하는 것이다. '공감하기'는 타인을 동정하는 것과는 다른 것이다(Kadushin, 1990). 상대방으로부터 공감을 받게 되면 이해받고 수용받는다는 느낌을 받게 된다. 즉, '내 마음을 알아준다'는 느낌을 갖게 되어 상대방에 대한 신뢰가 증대되고 자기공개가 촉진되는 효과가 있다. 예를 들어, 딸이 열심히 공부를 했으나 시험을 망쳐 속상해하고 있을 때 엄마가 "네가 공부를 열심히 했는데, 시험을 잘 보지 못해서 많이 속상한가 보구나"라고 말하는 것과 같이 공감은 상대방의 감정을 이해하여 표현하는 것을 말한다.

갬브릴(Gambril, 1997)은 공감은 상대방이 표현한 것을 정확하게 이해했음을 상대방이 알도록 하는 일차적 공감과, 상대방이 표현한 것뿐만 아니라 표현하지 않은 것과 암시적으로 표현한 것에 대해서까지 언급하는 고급차원의 공감으로 구분하였다. 이처럼 공감은 상대방이 전달하는 내용에 대한 이해수준을 넘어 주관적인 정서상태까지 이해하는 수준이다. 공감은 의사소통 관련 변인 중 가장 중요하지만 의사소통 과정에서 나타나는 복잡한 요인이기도 하다. 공감은 사회적 관계에서부터 치료적 만남까지 모든 형태의 의사소통에 영향을 미친다. 따라서 공감 없이 사람들 사이의 의사소통을 정확하게 이해하는 것은 매우 어렵다고 볼 수 있다(설진화, 2016).

공감은 민감성을 가지고 이해하고 반응하는 것이다. 공감을 잘하기 위해서는 상대방에 대한 편견이나 선입견을 가지지 않아야 하며, 자신의 관점을 먼저 내세워서는 안 된다. 또한 공감은 상대방의 정서를 이해하는 것이므로, 상대방의 언어적·비언어적 표현에 초점을 맞추어야 한다. 특히 상대방의 비언어적 표현에 더욱 민감성을 발휘하여 이해하려는 노력이 요구된다고 볼 수 있다.

(4) 나 중심으로 자기표현하기(I-message)[5]

사람들은 화가 나면 자신에게 느껴지는 고통이나 불편, 불쾌감 등에 대해 상대방을 탓하려 하고, 상대방에게 그 책임을 지우고자 하는 경향이 있다. 그래서 "너는 이게 문제야, 이렇게 해야 해"라며 상대방을 탓하거나 상대방의 행동을 지시하는 표현을 쓰기도 한다. 이렇게 이야기 할 때 가장 익숙한 방식은 자신의 이야기를 할 때도 주어가 상대가 되는 방식이다.

그런데 상대를 주어로 하는 화법은 상대를 비난하는 것처럼 들리기 쉽다. 사람들은 "너(당신)라는 말을 들으면 자신이 질책을 당하고 있다고 느끼는

5) 국민대통합위원회(2014). 소통과 갈등관리 방법찾기. 교보문고, pp. 102-103.

경우가 많다. 그래서 자기 자신을 보호하려고 방어적인 태도를 취하게 된다. 그러나 이에 반해 나를 주어로 한 화법으로 이야기하는 것은 나의 느낌, 바람, 관심사 등을 그대로 내보임으로써 상대에 대한 비난으로 흐르지 않고, 문제의 원인, 문제 자체, 자신이 하고 싶은 이야기에 주목할 수 있도록 해준다.

일반적으로 대부분의 사람들은 '너'를 중심으로 말하기 때문에 듣는 사람의 느낌이 어떤지 모를 때가 종종 있다. 그것은 특별히 악의가 있어서라기보다 그저 자신의 행위가 이쪽을 불쾌하게 만들고 있다는 것을 깨닫지 못해서일지도 모른다. 그렇게 때문에 나의 느낌을 말해주는 것은 상대방에게 중요한 정보가 될 수 있다. 경우에 따라서는 나의 느낌과 바람을 듣고 상대방이 태도를 바꾸어 다른 방향을 제안할 수도 있다.

나를 중심으로 한 화법	너를 중심으로 한 화법
• 상대방에게 개방적이고 솔직하다는 인상을 준다. • 상대에게 나의 생각과 감정을 전달함으로써 상호 이해를 높인다. • 상대는 나의 느낌을 저항없이 수용하고, 스스로 문제를 해결하려는 의도를 갖게 되어 협력을 구할 수 있다.	• 상대의 마음에 상처를 주기 쉬워 상호관계를 파괴할 가능성이 높다. • 상대에게 일방적으로 강요하거나 공격한다는 느낌을 준다. • 상대는 방어적으로 대응하거나 반감을 갖게 되기 쉽고, 저항하게 되기 쉽다.

<나를 중심으로 한 자기표현의 요령>

① 평가하지 말고 관찰로 행위 묘사하기

관찰에 평가를 섞게 되면 듣는 사람은 이것을 비판으로 받아들이기 쉽고 하는 말에 저항감을 느끼기 쉽다. 또한 평가는 고정적인 일반화를 가져오는 경우가 많으므로 나의 행위, 상황을 객관적으로 묘사한다.

내가 ______________________________ 했을 때

② 느낌 표현하기

상대를 탓하는 것이 아니라 내 느낌을 이야기한다. 어떻게 느끼고 있는가 표현하는 것, 느낌을 명확하고 구체적으로 표현하면 관계형성에 도움이 된다. 또한 자신의 느낌을 표현함으로써 스스로 취약한 부분을 인정하는 것은 소통에 도움이 된다. 느낌과 생각, 평가, 해석을 나타내는 말과 구분하는 것이 중요하다.

나는 ______________________________ 느껴요.

③ 내가 원하는 결과 이야기하기

내가 진정 원하는 것을 상대방에게 나타내고 싶을 때는 명확하고, 긍정적이며, 구체적인 행동을 나타내는 언어로 부탁한다. 내가 생각하는 하나의 해결책(특정한 방법)을 상대에게 요구해서는 안된다.

나는 ______________________________를 원해요.

④ 상대의 느낌 듣기

나의 느낌과 필요(욕구)에 대해 상대가 어떻게 듣고, 어떻게 이해했는지 상대의 반응을 확인한다.

"제 이야기를 들으니 어떠세요?"

"제가 말한 것에 대해 어떻게 생각하는지 의견을 알고 싶어요."

예를 들면, 회의 중 내가 이야기하고 있는데 동료가 내 말을 중간에 끊고 자기 이야기를 하는 상황이 매우 불편하고 불쾌하다. 게다가 이번이 처음이 아니라 회의할 때 그 동료가 자주 내 이야기를 끊는다. 이 불편한 이야기를 하여 개선하고 싶을 때 '나를 중심으로 한 표현'을 할 수 있을까?

"회의할 때 내가 내 이야기를 다 하지 못했을 때(관찰) 저는 불편하고 속상했어요. (내 느낌)

저는 제가 하고 싶은 말을 시작하면 마칠 수 있기를 바랍니다. (내가 원하는 결과)

제 이야기에 대해 어떻게 생각하는지 의견을 듣고 싶어요."

내 이야기를 하고 나면 상대방의 이야기를 듣는다. 상대의 이야기에 대해 또 나의 이야기를 하고, 이렇게 몇 차례 주고받고 하면 서로 간에 이해를 기초로 문제해결의 실마리를 찾아나갈 수 있을 것이다.

문제해결은 안되더라도 최소한 나의 의도를 비난하지 않고 상대에게 전할 수 있을 것이다.

'나를 중심으로 하는 자기표현'을 능숙하게 하자면 많은 연습이 필요하다. 또한 그 말이 잘난체하는 것으로 들리지 않게끔 말을 하는데도 연습이 필요하다. 보통 처음 시도하면 매우 어색하고, 또 익숙지 않아서 서투를 수밖에 없다. 어떤 기술이든 새롭게 배운 기술이 처음부터 자연스럽게 구사되지는 않는다. 하지만 연습을 통해 새로운 기술도 자연스럽게 쓸 수 있을 것이다.

(5) 설명하기(Explaining)

설명하기는 의사소통 과정에서 자신의 입장, 생각, 지식을 상대방에게 제공하고 나누기 위한 중요한 언어적 의사소통 표현이다. 설명하기의 목적은 자신의 정보나 의견을 상대방에게 정확하고 신속하며 충분하게 전달하는 것이다.

설명을 잘하기 위해서는 첫째, 설명하는 상황과 대상에 대한 고려가 필요하다. 설명을 듣는 사람의 이해수준에 맞춰 설명하는 것이 중요하다. 둘째, 설명할 내용, 순서, 방식 등에 대해서 미리 계획하고 준비하는 노력이 필요하다. 미리 설명할 내용의 골격을 메모지에 정리해 보거나 머릿속으로 정리해 보는 것이 좋다. 셋째, 설명할 내용을 간결하고 분명하며 정확하고 체계적으로 표현하는 것이 바람직하다. 설명하는 상황에 따라 때로는 간결하게 때로는 구체적으로 상세하게, 명쾌하게, 감동적으로 설명해야 한다. 설명을 할 때 시청각 자료를 활용하는 것도 효과적이다(권석만, 2009).

(6) 강화하기(Reinforcement)

강화하기는 의사소통 과정에서 상대방에 대한 인정, 긍정, 칭찬, 격려, 지지를 전달하는 언어적 표현을 말한다. 강화하기는 상대방으로 하여금 자신이 따뜻하게 이해받고 수용되고 있다거나 인정받는 느낌을 갖도록 해준다. 더 나아가 상대방에게 강화하기를 하게 되면 상대방의 자신감과 자존심을 높여주는 효과가 있다.

(7) 자기 개방하기(Self-disclosure)

자기개방은 언어적 표현 또는 비언어적 행동을 통해서 상대방에게 자기자신에 대한 정보를 의식적으로 공개하는 것을 의미한다. 즉, 자기개방은 다른 사람과 자신의 개인적인 정보, 감정, 생각을 공유하면서 의사소통을 하는 것을 말한다. 이러한 자기개방은 자기이해와 자기수용이 먼저 이루어져야 한다. 자기이해는 있는 그대로의 자기경험을 솔직하게 탐색할 때 이루어지고, 자기수용은 있는 그대로의 자기를 받아들이고 인정하는 여유의 마음이다. 사람은 자신을 이해하고 수용함과 동시에 다른 사람을 이해하고 수용하여 신뢰할 수 있을 때 상대방에게 있는 그대로 자신을 개방할 수 있게 된다. 다른 사람에게 자신을 개방할 수 있는 용기를 가져야 진정한 상호관계를 발전시킬 수 있으며, 더 나아가 자신을 성장시킬 수 있다.

(8) 자기주장하기(Self-assertion)

의사소통 과정에서 자기주장하기는 자신의 개인적인 권리를 옹호하고 향상시키기 위해서 타인의 권리를 존중하면서 동시에 자신의 사고, 감정, 신념을 직접적이고 솔직하게 표현하는 행동을 의미한다(Lange & Jakubowski, 1976). 예를 들면, “엄마는 지금 정말 피곤하구나, 그래서 먼저 조금 쉬었다가 너희들에게 맛있는 간식을 만들어 줄 거야”와 같이 적극적인 자기주장을 하게 되면 타인의 권리를 손상하거나 위협하지 않으면서 자기의 의사를 표현할 수 있어 효과적인 의사소통의 기술을 확보할 수 있게 된다.

라자루스(Lazarus, 1971)는 자기주장하기가 필요한 네 가지 상황이 있다고 제시하였다. 첫째, 들어주기 어려운 타인의 요청을 거절할 때, 둘째, 타인에게 부탁하거나 요청을 할 때, 셋째, 긍정적 감정과 부정적 감정을 표현할 때, 넷째, 대화를 원하는 때에 시작하고 원하는 때에 종결할 때 등이다. 이러한 자기주장하기는 소극적 자기주장 행동, 공격적 자기주장 행동, 적극적 자기주장 행동 등 세 가지로 구분할 수 있다. 첫째, 소극적 자기주장 행동은 상대방을 배려한 나머지 자신이 나타내고자 하는 바를 충분히 표현하지 못하여 자신의 권리와 인격에 손해를 가져오는 행동을 말한다. 소극적 자기주장 행동의 의사표현 예로 “글쎄 … 별 수 없군, 그래, 해줄게”라는 표현을 주로 사용한다. 공격적 자기주장 행동의 의사표현은 자신의 욕구, 감정, 생각 등을 표현하되 상대방의 인격과 권리 등을 배려하지 않고 피해를 주는 행동을 말한다. 공격적 자기주장 행동의 의사표현 예로는 “너 정신이 있는 거니? 네가 대학생이냐?”와 같이 상대방을 공격하는 형태로 자기주장을 표현하는 경우다. 마지막으로 가장 바람직한 적극적 자기주장 행동은 상대방의 인격과 권리 등에 피해를 주지 않으면서 자신의 욕구, 감정, 생각 등을 표현하는 것이다. “남의 숙제를 대신하는 것은 좋은 모습이 아닌 것 같구나. 아무리 바쁘더라도 네가 해야 할 것 같다, 내일 보자"와 같이 상대방에게 피해를 주지 않으면서 적극적으로 자신의 욕구나 생각을 표현하는 것을 말한다.

(9) 유머(Humor) 사용하기

유쾌한 익살, 해학, 농담으로 인간관계를 유연하게 하는 의사소통방법으로 유머는 때와 장소 대상을 고려하여 적절하게 사용하는 것이 바람직하다. 유머가 없는 의사소통은 마치 '새가 없는 정원과 같다'라고 할 만큼 의사소통 과정에서 즐거움과 기쁨을 제공하는 요소이다. 의사소통 과정에서 유머사용은 긴장을 해소하여 상대방을 편안하고 즐겁게 하는 효과가 있다. 그러나 유머를 사용할 때는 주의가 필요한데, 부적절한 상황에서 농담 식으로 하게 되면 오히려 역효과를 가져올 수 있다. 또한 상대방에 대한 조롱, 무시, 모욕, 비난, 험담과 같은 공격적 내용을 전달하기 쉬우므로 주의해서 사용해야 한다. 유머를 잘못 사용하게 되면 상대방의 감정을 상하게 하여 관계를 오히려 악화시키는 부정적 영향을 미칠 수 있으므로 때와 장소, 대상을 고려하는 것이 중요하다.

4. 소통을 저해하는 사고와 행동양식[6)]

1) 소통을 저해하는 사고

(1) 흑백사고

이것 아니면 저것이라는 양 측면, 즉 흑백만 존재한다는 생각은 소통을

6) Daniel Yankelovich(1999). The Magic of Dialogue. London : Nicholas Brealey Publishing, pp. 129-146; 지속가능발전위원회(2005). 공공갈등관리의 이론과 기법. 논형, pp. 109-110.

저해한다. 양극 사이에 여러 다양한 색들이 존재하는 현실의 역동성을 두 측면으로만 제한하는 것은 문제다. 부정적이고 적대적인 표상들은 고정관념화되어 자신의 적대작들에게 가지는 기존의 상이 정말로 맞는지 아닌지 다시 돌아보지도 않고 고정시킨다.

(2) 투사매커니즘

갈등상황에서 종종 보이는 현상으로 자신의 약점들은 인정하지 않은 채 다른 편에게만 잘못을 전가한다. 우리는 괜찮고 옳은데 상대측이 문제를 일으킨다고 생각한다. '어쩌면 저럴 수가 있지, 인간도 아니야' 등의 악감정이 생기고 이런 감정이 일어난 것 또한 상대방의 탓이다. 이러한 악순환을 끊어내야만 소통은 가능해진다.

(3) 전장의 확대

자신의 입지를 강화하고 상대방을 약하게 하기 위해서 갈등 자체와는 아무런 관계가 없는 영역까지 확대전을 벌인다. 그렇게 되면 갈등은 더욱 복잡한 양상을 띠게 되고 상대방을 단순하게 적으로 만들면서 더 이상의 현실적인 관계를 어렵게 한다.

(4) 달팽이 껍질로 들어가기

이러한 현상은 자신의 상처나 감정이 악화되었을 때 자신을 축소시키는 감정과 관계가 있다. 갈등 당사자들은 더 이상 관계하지 않으려고 하기 때문에 상대방에 대한 새로운 이미지를 얻지 못하고 기존의 이미지만 강화된다. 다른 편과는 누구와도 접촉하지 않고 마침내 우리만이 진리 자체를 가지게 된다.

2) 소통을 저해하는 행동양식

(1) 적대감

적대감은 공격적인 태도를 고착시키면, 부분적으로는 공공연한 적대감을 조장하기도 한다. 내용적인 측면에서는 경우에 따라 상대방에게 치명타를 입히려는 목적으로 모순적으로 주장하기도 한다. 일관된 주제라기보다는 모순적인 입장들로 말이 바뀌기도 한다. 우리 사회에 존재하는 연령별, 성별, 학력, 경제력, 지역별들에 기인한 차별은 이러한 적대감의 형성요인이다.

(2) 음모

당사자의 등 뒤에서 하는 말로 대부분은 부정적이고 일방적이다. 사람들을 이간질하는 데 쓰이기도 한다. 질투도 종종 이 경우에 드러나게 된다. 은밀성의 가면을 쓰면 다른 장애들은 아무런 문제가 되지 않는다.

(3) 철회

이 그룹 내부에서는 공공연한 소통은 거의 일어나지 않는다. 당사자들은 폐쇄적으로 활동한다. 활동하고자 하는 동기가 별로 없는 것 같기도 한다. 그러나 불안과 긴장은 감돌고 있다.

(4) 저항

필요한 조치가 취해지기는 한다. 당사자들이 토론에서 자신의 입장만을 고집하고 타협할 준비가 되어있지 않다. 정보는 더 이상 공유되지 않고 이기적인 행동방식만이 등장한다.

CHAPTER 09

설득의 기술

1. 설득이란 무엇인가

'내가 생각한 바를 상대방에게 내가 생각한 대로 생각하게 해서 내가 생각한 대로 행동하게 하는 것'은 언제나 기쁨을 준다. 그리고 그것이 서로에게 다 좋은 올바른 방향이라면 기쁨을 넘어 인생의 행복까지 선사할 수 있다.

나는 살아오면서 왜 똑같은 메시지를 전달하는데 '누구는 설득이 되고 누구는 설득이 안 될까?'하는 의문을 수없이 가져왔다. 그리고 설득이라는 것이 단순히 말로만 전달되는 것이 아니라, 그 이면에는 수없는 상황조건과 인간의 심리가 작용하고 있다는 알게 되었다. 그리고 그 '설득의 기술'들은 무작정 노력만 한다고 해서 내가 원하는 대로 되는 것이 아니라, 설득에는 방법과 법칙, 그리고 공통된 어떤 원칙이 적용된다는 것을 배우게 되었다. 그리고 그 기술들은 우리가 생을 마칠 때까지 끊임없이 계발해야 할 가장 중요한 기술이라는 것도 깨닫게 되었다.

이어지는 다음의 내용들은 수많은 연구가들이 사례와 실험을 바탕으로 한 연구결과가 담겨있다. 이 내용을 통해 설득의 기술을 잘 활용한다면 갈등해결・협상・중재・조정・광고・영업・정치뿐만 아니라 자신의 인생에서 더 많은 성공을 원하는 모든 사람이 도움을 받을 것이다.

1) 설득이란

우선 설득(說得)이란 '상대편이 이쪽 편의 뜻을 따르도록 깨우쳐 말함'[1]을 의미한다. 즉, '어떤 목적을 위해서 다른 사람들을 태도나 의견 또는 행동들을 바꾸고자 언어나 그림, 동영상 등 여러 가지 특정 매체를 사용하여 상대방에게 전달하여, 이쪽에서 의도했던 효과, 즉 태도나 의견, 행동 등의 변화를 일으키게 하는 행위 또는 그러한 과정'이라고 할 수 있다.

『한비자(韓非子)』 제12편, 「설난(說難)」에 보면 "설득의 어려움은 설득하려고 하는 상대방의 마음을 알아차려서 나의 말을 그에게 맞추어야 하는 데 있다"라고 하였다. 즉, 상대방의 마음을 잘 파악하는 것이 설득의 중요한 조건이라는 것을 말하고 있다. 그런데 사람의 마음이란 겉모습으로는 쉽게 파악할 수가 없고, 그조차도 처해진 상황에 따라 끊임없이 변하도록 되어있다. 따라서 상대방을 설득한다는 것은 쉽지가 않다. 그러한 설득의 어려움에도 불구하고 사람들은 설득이라는 것을 결코 포기하지 않는다. 설득이야말로 상대방에게 영향력을 행사할 뿐만 아니라 이 세상을 변화시킬 수도 있기 때문이다.

설득의 목적을 달성하기 위해서는 상대방을 변화시킬 수 있는 힘이 있어야 한다. 그 힘을 사용하기 위해서는 대부분 언어라는 상징화된 수단을 사용하여 전달하고, 다시 상대방의 해석 체계에 의존하여 해석하는 과정을 거쳐야 한다. 그렇기 때문에 이쪽에서 말을 통해서 상대방에 전달한다 해도 본래의 의미와 상대방이 해석한 의미 사이에 간극이 생기게 마련이다. 우리는 누구나 상대방에게 내가 생각하는 대로 따라와 주기를 바라며, 내 생각을 받아들여주기를 원한다. 그리고 내가 원하는 바를 열심히 말로써 나의 사고방식을 주입시킨다. 그렇지만 설득이라고 하는 것이 말로써 사람의 마음을 움직이는 것이라 하여, 내 생각을 말로만 집중적으로 설득을 시도한다면 실패할 수밖

1) 다음(www.daum.net), '어학사전'

에 없다. 상대방의 마음을 읽지 못하는 설득은 실패한다.

대부분 설득하는 사람은 일반적으로 상대방에게 말을 많이 하여야 한다고 생각하는데 그러면 절대로 안 된다. 우선 상대방의 말을 잘 들어야 한다. 상대방의 의견에 귀를 기울이게 되면 상대방의 현재 심정과 원하는 것을 알아낼 수 있으므로 그 설득은 성공할 확률이 높아진다.

원칙과 강요, 논리적인 대응만 가지고는 절대로 설득할 수가 없다. 상대방의 입장과 마음을 헤아려서 공감대가 형성되어야 한다. 설득의 기술 중 하나는 상대방의 말을 많이 듣는 것이다. 그러기 위해서 상대방의 말을 경청하고 입장을 파악하는 데 힘을 기울여야 설득에 성공할 수 있다.

한비자(韓非子)는 "설득해야 할 상대가 명예를 좋아하는데 이익이 많음을 가지고 설득한다거나, 설득하려고 하는 상대가 이익을 소중히 여기는데 명예를 높이는 일을 가지고 설득한다면, 생각이 없고 세상물정에 어두운 사람이라 하여 받아들이지 않을 것이다. 설득하려고 하는 상대가 속으로는 이득을 소중히 여기면서도 겉으로는 명예를 높이 여기는 척하는데, 명예를 높이는 일을 가지고 설득하려 하면 겉으로는 받아들이는 척하면서 속으로는 멀리할 것이다. 반대로 이익이 많이 생기는 일을 가지고 설득을 하면 속으로는 그 말을 받아들이면서도 겉으로는 받아들이지 않는 척 할 것이다. 따라서 이런 것을 잘 살피지 않으면 안 된다"고 말했다. 또한 『세상을 움직인 레토릭』의 저자 조나단 챠테리스-블랙(Jonathan Chateris-Black) 역시 "설득이 성공하려면 메시지는 수용자들이 원하는 것과 그들의 필요성, 그리고 그들의 욕구와 상상에 부응해야 한다"고 말하고 있다. 한비자(韓非子)나 조나단 챠테리스-블랙이 전하는 핵심은 명확하다. 상대방의 속마음을 제대로 알아차리라는 것이다. 여기에 말의 진정성을 더하고, 상대방의 공감을 불러일으킬 수 있다면 상대방을 설득할 수 있는 가능성은 대단히 높아진다.

'무엇이 상대방에게 진짜 이익이 될 수 있는가?' 혹은 '무엇이 진짜 명예이며 선이며 정의인가?'라는 물음을 가지고 상대방의 입장에서 선택의 상황을 제공함으로써 상대방을 변화시킬 수 있다. 좋은 설득은 상대방의 마음을 흔들어야 한다. 좋은 설득은 흔들림이다.

2) 최초의 설득 문헌, 아리스토텔레스의 『수사학』

고대 그리스 사회에서 설득의 기술은 곧 사회적 명성을 의미했다. 모든 학문의 시조라고 불리는 아리스토텔레스는 『수사학』에서 '설득 기술은 학습을 통해 습득할 수 있는 하나의 기술'이라고 정의했다. 그러자 그리스의 국민들은 너도나도 수사학에 담긴 설득의 기술을 배우고자 노력했다. 아리스토텔레스는 설득의 기법을 세 가지로 분류하여 말했다. 에토스, 파토스, 로고스가 그것이다. 에토스는 인격이나 명예같이 말하는 사람의 인품을 말한다. 즉, 얼마나 믿음이 있는가를 말한다. 파토스는 듣는 사람과의 공감과 같은 감정을 의미하며, 로고스는 이야기의 내용이 올바른지를 따지는 논리를 뜻한다.

(1) 먼저 믿음을 갖게 하라 : 에토스

말하는 사람의 인품에 의한 설득이다. "왠지 그 사람이 하는 말은 '팥으로 메주를 쓴다'해도 믿을 것 같아." 상대방을 전적으로 믿는다는 말이다. 상대가 나를 신뢰하지 않는다면 어떤 말도 소용없다. 여기서 말하는 믿음이란 에토스다. 정서적 공감을 이끌어 내기 전에 인간적 신뢰를 쌓아 에토스를 확보하지 않으면 설득은 시작조차 할 수 없다. 누군가가 싫으면 그 사람이 어떤 말을 하든지 절대로 믿지 않는 법이다. 화려한 말솜씨로 논리를 이용하여 꾸며봤자 설득에 가장 큰 영향을 미치는 건 결국 믿음이다.

(2) 설득은 감정이다 : 파토스

듣는 사람의 기분에 의한 설득이다. 상대의 마음을 알지 못해 흔들지 못하면 설득은 실패한 것이다. "오늘 국장님의 기분이 정말 좋네, 내 기획안을 가지고 갔더니 읽지도 않고 바로 사인해 줬어!" 그러나 반대로 생각하면 기분이 나쁠 때 결재했으면 사인을 안 해줬을 거란 추론도 가능하다. 머리를 끄덕인다고 설득된 것이 아니다. 마음을 통째로 읽고 흔들어야 내 말이 이해된 것이다. 상대방의 마음을 읽지 못하고 이해하지 못하면 설득되지 않는다. 상대의 마음을 읽고 얻어야 비로소 소통이 시작된다. 그것은 감정이지 논리가 아니다. 말솜씨와 논리로 설득하지 말고 공감을 통해 마음을 얻는 데 집중하여야 한다.

(3) 논리는 납득시키기 위한 최소한의 전제다 : 로고스

"그 사람이 하는 얘기는 빈틈이 없어, 완벽하게 데이터를 제시하고 있잖아"와 같이 이야기의 내용이 올바른지, 증명이 되었는지를 가지고 하는 설득이다. 즉, '반론의 여지가 없는', '증거들이 많이 있는', '이제까지 증명되고 있는 명백한 사실'들이 여기에 해당된다.

아리스토텔레스는 설득을 하는데 필요한 세 가지 요소의 비중을 에토스 60%, 파토스 30%, 로고스 10%로 중요성을 두었다. 설득요소에서 로고스가 10%밖에 안 된다는 말은 일반인의 상식에 반한다. 실제로 아리스토텔레스의 『수사학』 전 3권 중 제2권의 내용 대부분은 '청중의 마음을 움직이는 방법'으로 채워져 있다. 그 이유는 사람들의 생각과 행동의 대부분을 지배하고 있는 마음(무의식)에 호소해야 설득의 성공확률이 높아지기 때문이다. 즉, 이성(로고스)보다는 믿음(에토스)과 감정(파토스)을 공략하라는 것이다. 설득은 단순히 말 잘하는 기술이 아니라 소통의 본질은 인간의 마음에서 시작되어야 한다는 것을 일찌감치 탐구한 설득기술의 원칙이다. 이것은 오늘날 설득의 방법들을 다룬 수많은 책에서 증명이 되고 있다. 이야기하는 내용만 옳다면 누구든 설득할 수 있다는 생각이 잘못되었다는 것은 이 이유 때문이다. 그러나 이 세 가지 요소가 비율이 있다고 하여 어느 하나의 요소가 특별히 더 중요하다는 것은 결코 아니다. 상대방을 설득할 때는 위의 세 가지 요소가 복잡하게 섞여 사용되고 있다. 한 가지 요소만으로 설득할 수는 더더군다나 불가능하다. 믿음과 상대방의 감정, 이야기의 논리들이 적절하게 어우러질 때 설득에 성공할 수가 있다.

인간은 무의식과 의식의 두 가지 유형의 사고방식이 있다. 내가 알고 있는 세계를 의식이라고 한다면 내가 가지고 있으면서 내가 아직 모르는 정신세계를 무의식이라고 할 수 있다. 무의식은 직관적이며 자동적인 사고방식이고, 의식은 합리적으로 심사숙고하는 사고방식이다. 야구공이 갑자기 날아올 때 몸을 피하는 행동이나 비행기를 타고 가다가 난기류를 만났을 때 초조한 행위, 어떤 사람을 만났을 때 호감인지 비호감인지를 판단하는 행위 등은 우리의 의식시스템을 통해서 이뤄지는 것이 아니라 자동 시스템인 무의식을 통해서 이뤄진다. 의식의 숙고 시스템은 수학문제를 풀고 진로를 결정할 때 숙고 시스템을 사용할 가능성이 높다. 즉, 자동 시스템은 직감에 의한 반응이며, 숙고 시스템은 의식적인 사고로 보는 것이다.

두뇌학자들은 자동시스템의 활동은 두뇌에서 가장 오래된 부분으로 인간과 파충류들이 모두 동일하게 가지고 있는 뇌구조에서 비롯된다고 말한다. 그래서 리차드 탈러와 캐스 선스타인은 이러한 자동시스템을 '파충류의 뇌'라고 불렀다.[2)]

마음의 크나큰 영역에서 의식이 차지하는 부분은 일부에 지나지 않는다. 드넓은 마음의 영역 대부분은 생각과 행동을 지배하는 무의식의 영역이다. 지그문트 프로이트(Sigmund Freud)는 "인간의 행동은 이성과 감성이란 두 마리 말에 이끌리는 쌍두마차이다. 하지만 이성은 작은 조랑말일 뿐이고 감성은 커다란 코끼리와 같다"고 말했다. 존 아사라프(John Assaraf)도 말했다. "물질세계는 우리 의식의 표면 위로 드러난 빙산의 일각이다. 물질세계의 이면에는 순수 의식의 장이 펼쳐져 있다. 그것은 무한한 힘을 가지고 있고 세상

2) 리처드 탈러 · 캐스 선스타인, 안진환 옮김(2017). 넛지. 리더스북, pp. 40-42 참고.

의 모든 일을 관장한다. 인생도 마찬가지이다. 눈에 보이지 않는 의식이 인생을 결정한다."

뇌과학에서 연구한 바에 따르면 의식을 담당하는 뇌 영역은 17%가 되지만 실제 인식 및 행동을 하는 데 있어서는 2~4%만 관여하여 통제한다고 한다. 반면 무의식은 뇌 영역의 83%를 차지하면서 인식과 행동의 96~98%를 통제한다고 한다. 이와 같이 우리 인간의 사고방식 대부분은 무의식이 지배하고 있다는 것을 말하고 있다. 인간을 통제하고 세상을 움직이는 가장 근원적이고 위대한 힘은 무의식이고 그것은 인간의 내면에, 즉 마음속에 존재한다.

마음이란 무엇인가? 마음은 '감정이나 생각, 기억 등이 깃들이거나 생겨나는 곳으로서 서로 다른 기능을 하는 의식과 무의식을 포괄하는 뇌의 작용'이라고 정의할 수 있다. 의식이란 깨어 있는 상태에서 자기 자신이나 사물에 대하여 인식하는 마음이다. 반면 무의식은 마음 깊이 자리하고 있으면서 어떤 것에 대한 자각이나 인식이 없는 상태에서 자연스레 나오는 것이다.

자동시스템과 숙고시스템은 둘 다 우리가 깨어있는 동안에 활성화되어 있다. 무의식의 자동시스템은 호감이나 믿음, 느낌, 취향과 같은 감정에 주로 관여한다. 반면, 숙고시스템은 딱히 중요하게 선택해야 할 상황이 아니면 자동 시스템이 제시하는 방향대로 따라간다. 우리의 무의식은 영향력이 커서 모든 선택과 판단에 지대한 영향을 미친다. 자동시스템, 즉 우리 안의 무의식은 선택에 영향을 미칠 뿐 아니라, 행동을 옮기게 하는 데 중요한 역할을 한다. 반면 숙고 시스템은 인간 행동의 일부에서 중요한 역할을 한다. 사람들은 의식적인 마음이 계획하고 통제하며 모든 것을 지배한다고 여긴다. 하지만 '의식적인 능력의 한계는 의외로 작은 반면, 무의식적인 능력이 놀라울 정도로 크며 마음의 힘의 중심은 무의식에 있다'는 것이 최근의 뇌과학이 발견한 사실이다.

따라서 설득에서 우리가 배워야 할 중요한 것은 상대방의 무의식의 마음을 이해하고 활용하는 것이다. 설득의 기술에서 중요하게 작용하고 있는 믿음과 감정을 제대로 이해하기 위해서는 믿음과 감정을 지배하는 상대방의 무의식의 마음을 좀 더 자세히 살펴야 한다. 그래야만 상황과 대상에 따른 올바른 설득의 방법도 찾아낼 수 있기 때문이다.

현대의 설득이론서들을 두루 살펴보아도 아리스토텔레스(Aristoteles)가 말한 원칙들과 하등 다를 게 없다. 오히려 그 근본 원칙들이 오늘날까지도 재해석되어 활용되고 있다. 그렇기 때문에 아리스토텔레스의 『수사학』이 2,300여 년이 지난 오늘날까지도 설득의 유일한 원전이자 최고의 저술로 찬사를 받고 있는 것이다.

2. 믿음을 주라

> 남을 설득하려고 할 때는 자기가 먼저 감동하고, 자기를 설득하는 데서부터 시작해야 한다. - 토마스 칼라일

다른 사람을 설득하여 내 생각대로 따르게 한다는 것은 정말 어려운 일이다. 한두 명도 어려운데 인원이 몇 십 명, 몇 백 명이나 된다면 차원이 달라진다. 특히 내가 몸담고 있는 직장의 운명이 이번 협상에 걸렸다면, 더구나 국가의 운명이 결정되는 협상이라면 제 아무리 뛰어난 실력과 강심장이라도 어려움을 느끼게 마련이다. 협상과 설득은 어떤 특정한 구조적 틀이 있는 게 아니다. 그때그때의 상황과 상대방에 따라 수시로 끊임없이 변하기 때문이다. 첫인상이 좋거나, 느낌이 좋아 서로 마음을 열고 갈등을 조정하여 협상을 진행할 수도 있고, 처음 본 순간부터 기분이 나빠져서 벽만 쳐다보다 자리를 박차고 나올 수도 있기 때문이다. 설득의 기본 원칙이나 법칙이 별도로 존재하는 것은 아니지만 가장 중요한 것은 상대방을 인정하는 마음과 함께 상대의 말

을 충분히 들어주는 자세이다. 내 말만 실컷 하고 나오는 것은 협상이나 설득이 아니다. 상대가 내 의견을 인정하고 따라올 수 있도록 하는 것이 설득의 목적이다. "남을 설득하여 무슨 일을 하도록 하려면 먼저 말로 부탁하기 전에 어떻게 하면 그렇게 하고 싶은 기분을 상대방의 마음속에 불러일으킬 수 있을까 하고 자문해 보는 것이 좋을 것이다." 데일 카네기(Dale Carnegie)의 말이다. 그는 설득의 달인이었다. 그는 상대방을 설득하려면 상대방의 마음의 속내를 읽어야 하며, 그러기 위해서는 상대방에게 '내가 하고 싶은 말을 들어줄 수 있는 사람'이라는 믿음을 주어야 한다고 하였다. 그때부터 소통은 시작되기 때문이다.

믿음을 주기 위해서 자신이 상대방에게 믿을 만한 사람으로 비쳐지는지 스스로 돌아보는 것은 소통하기 위한 첫걸음이다. 똑같은 내용이지만 누가 말을 하느냐에 따라 설득력에서 크게 차이가 나는 것을 보면 믿음을 확보하는 것은 논리적으로 설명하는 것보다 더 중요하다. 상대에게 믿음을 심어주지 못하는 사람은 아무리 뛰어난 말솜씨를 가지고 있다 할지라도 동의와 설득을 구하기 어려울 것이다. 아리스토텔레스의 에토스라는 개념은 믿음과 밀접한 관련이 있다. 믿음은 자신이 부여하는 것이 아니라 상대방이 느끼는 것이기 때문에 스스로 믿음을 줄 수 있는지를 항상 생각해야 한다. 또한 믿음은 노력 여하에 따라 얼마든지 변할 수 있기 때문에 지속적인 자기점검을 통해 믿음 향상에 힘써야 한다.

아리스토텔레스(Aristoteles)는 나의 말을 받아들이도록 만드는 가장 강력한 힘의 원천인 믿음은 전문성, 인품, 열정 같은 자질에서 나온다고 보았다. 그러므로 설득을 할 때는 누가 말하는가가 중요하다. 그 사람에 대한 권위가 있는 믿음이 높은 사람일수록 효과가 크다. 건강과 질병에 대한 것은 의사가 말해야 잘 따른다. 헤어스타일은 헤어디자이너가 말해야 설득력이 높아진다. 전문성을 보여주려면 자기가 설득하려고 하는 주제에 대해서 지식, 개인적 경험 등을 보여주어야 한다. 설득하려는 주제에 대한 확실한 이해와 스스로에 대한 확신이 있어야 한다. J.S 바흐(Johann Sebastian Bach)의 아들 C.P.E 바흐(Carl Philipp Emanuel Bach)도 "음악가는 스스로 감동하지 않으면 다른 사람들을 감동시킬 수 없다. 그는 자신이 청중에게 불러일으키고자 하는 모든 감정을 스스로 느낄 수 있어야 한다. 자신이 기분을 드러내야만 듣는 사람들 사이에서 유사한 기분이 자극되기 때문이다"라고 말했다. 자기 자신도 제대로 이해 못하고 확신도 없는데 상대방을 설득시킨다는 것은 애초부터 가능하지 않다. 강한 확신이 있다면 자신감 있게 설득할 수 있고 상대방은 그 진심을 읽을 수 있게 된다. 그러므로 자신의 분야에서는 전문성을 가져야 한다. 그러면 자신감과 확신이 생긴다. 이것은 아무리 강조해도 지나치지 않다. 자신감은 그 무엇보다도 설득력 있고, 영향력이 있으며, 매력적이다. 당신이 하고 있는 것을 스스로 믿는다면, 다른 사람들이 알아채고 응답한다. 전문성과 자신감이 있는 사람은 청중에게 믿음을 주어 호감을 살 수 있으며, 이는 결국 설득으로 이어지게 된다.

인품은 순수한 동기를 가지고 있고 진실한지, 열정은 내용에 대해 확신이 있는지와 열과 성의를 다하고 있는지와 관련이 있다. 상대방은 똑같은 말이라도 전문성 있고, 덕망 높고, 열정이 있는 사람의 하는 말을 더 신뢰한다.

1) 첫인상이 좋아야 한다

프린스턴대학교의 재닌 윌리스(Janine Willis)와 알렉산더 토도로프(Alexander Todorov)는, 여자가 남자를 볼 때 그 사람이 과연 믿을 만한 사람인지, 어느 정도 능력을 가지고 있는지, 얼마나 공격적인지, 얼마나 사근사근한지 0.1초만에 파악할 수 있음을 실험을 통해서 확인했다. 이런 종류의 첫인상은 여러 달이 지난 뒤에 서로가 상대방에 대해서 느끼는 감정과 놀랍도록 일치한다.

우리가 사회생활을 하면서 내가 어떻게 보이는가 하는 것은 대단히 중요하다. 다른 사람이 나를 어떻게 인식하느냐에 따라 인생의 성공 여부가 결정되기 때문이다. 그래서 첫인상은 중요하다.

상대방을 첫눈에 봤을 때, 우리는 생김새, 복장, 표정, 목소리 등 극히 한정된 정보로 첫인상이 형성된다. 그럼에도 사실 여부에 관계없이 그 사람에 대하여 모든 것을 파악했다고 결론짓는다. 그런데 이렇게 해서 한 번 형성된 첫인상은 쉽게 바뀌지 않는다. 사람들이 첫인상을 수정하는 경우는 거의 없다. 좋았던 첫인상은 부정적인 정보에 의해 쉽게 나쁜 쪽으로 바뀔 수 있지만, 첫인상에 부정적인 느낌을 긍정적으로 바꾸기 위해서는 몇 배의 노력이 필요하다. 부정적인 정보는 긍정적인 정보보다 훨씬 더 우리의 무의식의 뇌 속에 깊이 각인된다. 인상형성에 깊이 각인되는 부정적인 정보효과를 '부정성 효과(negativity effect)'라고 한다. 왜냐하면 긍정적인 정보는 인류가 살아가는 데 위험을 주지 않지만, 부정적인 정보는 자신이 살아가는 데 위험요소가 될 수 있으므로, 다음 위험상황을 대비해서 무의식의 뇌에 깊이 각인시켜 놓는다. 그러므로 좋은 첫인상을 유지하려면 나쁜 행동을 하지 않도록 해야 하며, 한 번 나쁜 인상을 주었다면 몇 배로 더 열심히 좋은 행동을 보여줄 수 있도록 노력해야 한다.

2) 호감을 주라

> 따뜻하고 성실한 관심을 기울여라. 이름을 기억하라. 말하기보다 듣기를 잘하라. 마음속으로부터 칭찬하라. 미소를 지어라. 상대의 관심방향을 간파하라.
>
> \- 데일 카네기(Dale Carnegie)

아리스토텔레스는 상대방으로부터 믿음을 얻기 위해서는 우선 호감을 주라고 말한다. 설득은 상대방과의 호흡을 맞추고 상대방의 마음의 문을 여는 작업이다. 아무리 좋은 말로 상대방에게 이야기해도 상대방이 마음을 열지 않으면 설득되지 않는다. 상대방에게 마음의 문을 열기 위해서는 상대방에게 좋은 감정, 즉 호감을 갖게 해야 한다.

사람들은 신체적 매력에 따라서 호감도가 바뀐다는 것이다. 그래서 얼굴이 잘 생긴 사람이 사회생활에서 유리하다. 잘 생긴 사람은 우리의 무의식에서 자동적으로 '호감을 가져도 좋다'라고 명령을 내리기 때문이다. 사회과학자들은 그러한 효과를 '후광효과(halo effect)'라고 한다. 후광효과란 어떤 사람의 어떤 대상을 평가할 때, 그 대상의 어느 한 측면의 특질이 다른 특질들에까지도 영향을 미친다는 이론[3]이다. 신체적인 매력을 갖는 후광효과는 설득을 위해서 다양하게 사용한다. 우리가 신체적으로 매력적인 사람을 좋아할 뿐 아니라, 그들의 설득과 요청을 쉽게 허락한다는 사실을 이해한다면, 왜 판매원들이 멋진 유니폼을 입고 화장법에 대한 교육을 받는지, 왜 호텔 로비의 직원들은 예쁜 아가씨들이 많은지, 그리고 왜 사기꾼이나 꽃뱀들은 모두 잘 생긴 얼굴을 하고 있는지를 역시 이해할 수 있을 것이다.

생김새뿐 아니라 그 사람의 복장 역시 인간관계와 비즈니스에 많은 영향을 미친다. 얼마 전 한 인터넷 취업 사이트에서 채용 계획을 갖고 있는 기업의 인사담당자 243명을 대상으로 설문조사한 결과, "입사면접에서 지원자의 외모나 옷차림이 당락에 영향을 준다"는 답변이 무려 66.7%에 달했다. 복장을 바꾸면 우리의 태도와 행동도 달라진다. 복장을 바꾸면 우리의 평가가 달라지는 중요한 이유가 있다. 복장을 바꾸면 우리의 태도와 행동도 그에 걸맞게 달라지기 때문이다. 평소에는 점잖던 사람도 예비군복을 입으면 행동거지가 달라진다. 깔끔한 셔츠에 넥타이를 매고 단정하게 정장을 차려입었을 때와 수염도 깎지 않고 헝클어진 머리와 반바지에 슬리퍼를 끌고 다닐 때는 자세뿐 아니라 사용하는 어휘와 말투도 달라진다. 우리의 차림새는 우리를 바라보는 사람의 평가뿐 아니라 우리 자신의 태도까지도 바꾼다.[4]

---

3) 다음(www.daum.net), '어학사전'
4) 이민규(2006). 끌리는 사람은 1%가 다르다. 더난출판, pp. 36-38.

3) 미소는 설득의 비타민이다

그날 나는 누군가에게 미소 짓기만 해도 베푸는 사람이 될 수 있다는 것을 배웠다. 그 후 세월이 흐르면서 따뜻한 말 한마디, 지지 의사 표시 하나가 누군가에게는 고마운 선물이 될 수 있다는 것을 알았다.

\- 마야 안젤루(Maya Angelou)

프린스턴 대학 판매연구소 제이슨 박사는 연기자를 동원, 그중 50명은 시종일관 웃음을 띠고, 50명은 무표정한 상태로, 나머지 50명은 험상궂거나 신경질적인 얼굴로 판매를 하는 실험을 했다. 그 결과 놀랍게도 웃음팀은 목표량의 3~10배까지 팔았고, 무표정팀은 목표량의 10~30%를 판매한 반면, 인상을 쓴 팀은 전혀 팔지 못했다. 잘 웃고 유머가 많은 사람은 어느 곳에서나 인기가 많다. 다른 사람들에게 미소를 주거나 웃게 만드는 사람은 사람들을 끌어 모으고 협력과 지지를 얻어 낸다.

어느 백화점 직원을 대상으로 설문조사를 한 결과, 좋아하는 상사 1위로, '인간적이며, 유머감각이 있는 사람'이 꼽혔다. '어떤 여자가 좋으세요?'라는 질문에서 남자 직원들은 '밝은 미소를 가진 사람'을 1위로 꼽았다. 한 중공업 회사 직원들에게 '가장 모범적이고 멋진 사원'을 묻는 조사에서도 '항상 밝게 웃음 짓는 여사원'이 1위를 차지했다. 미소를 잃지 않는 사람은 상대방의 마음을 밝게 해주고 어느 곳에서나 환영을 받는다.

로베르토 카베자(Roberto Cabeza) 교수는 "우리는 미소 짓는 사람들에게 끌릴 뿐 아니라 그들의 이름을 보다 더 잘 기억하는 경향이 있다."고 하였다. 우리는 장차 낯선 사람들과 상호작용할 경우를 대비하여 자신에게 더 친절한 사람을 기억하기 위해서 무의식에 저장해 놓는 것이다. 미소를 띠고 긍정적인 마음을 가진 사람과 대화하면 상대방도 덩달아 기분이 좋아지고, 인상을 쓰고 있는 부정적인 마음을 가진 사람과 대화하면 상대방도 덩달아 기분이

나빠진다. 사람들의 감정은 전염이 된다. 그러므로 밝게 웃는 표정은 사람과 사람의 관계를 이어주는 훌륭한 연결고리가 될 수 있다.

스탠포드 의과대학교 윌리엄 프라이(Willian Fry) 박사의 조사에 따르면 6세 정도의 유치원생들은 하루 평균 300번 정도 웃는데, 성인이 되면 그 20분의 1인 15번 정도로 웃음 수가 줄어든다고 한다. 스트레스를 비롯하여 여러 가지 원인이 있겠으나, 불행한 일이 아닐 수 없다.

안면피드백 가설(Facial Feedback Hypothesis)이라는 이론이 있다. 미국의 심리학자 윌리엄 제임스(William James)와 덴마크의 심리학자 칼 랑게(Karl Lange) 등이 주장한 제임스-랑게 이론인데, 이 이론이 발전하여 안면 피드백 가설이 되었다. 이 이론은 슬픈 표정을 지으면 슬픔을 느끼고, 기쁜 표정을 지으면, 기쁨을 느낀다는 것이다. 억지로 웃는다 해도 웃기 때문에 행복해진다는 것이다. 웃음은 표정만 바꾸는 것이 아니다. 행동을 바꿀 수 있고, 감정을 바꿔주고, 심지어 본인뿐 아니라 상대방의 생각까지도 바꿀 수 있다. 웃을 일이 없어도 웃어야 한다. 일본의 만담가 가네히라 케노스케는 "거울은 먼저 웃지 않는다"고 했다. 다른 사람에게 먼저 보내는 미소는 부메랑이 되어 나에게 다시 미소로 돌아온다. 미소는 다른 사람을 설득하는 데 비타민과 같이 중요한 역할을 할 수 있다.

4) 권위가 있어야 한다

영국 캠브리지 대학에서의 한 방문객이 호주 대학의 다섯 학급에 소개되었다. 그러나 그의 신분은 다섯 학급에 각각 다르게 소개되었다. 첫 번째 반에서는 단순한 학생으로, 두 번째 반에서는 대학원생으로, 세 번째 반에서는 시간강사로, 네 번째 반에서는 정교수로 소개되었다. 그가 잠시 자리를 비운 사이에 대학생들은 그의 키가 얼마나 될 것인가에 대해 가늠해 보라고 요청받았다. 실험 결과 방문객의 사회적 지위가 올라가는 데 비례하여 그의 키에 대한 예상치도 평균 1.3cm씩 증가하고 있음이 발견되었다. 그리하여 모두 동일인임에도 불구하고 '정교수'는 '학생'에 비해 5cm 이상 키가 더 큰 것으로 인식되고 있었다. 이와 같이 크기와 지위는 서로 밀접한 관계를 갖고 있다. 법원의 판사·검사, 경찰관의 제복, 의사의 흰색 가운 등은 권위를 드러내기 위한 하나의 상징물이 된다. 사회학자 비크만(Bickman)의 실험 결과를 보면 권위의 복장을 한 사람의 지시가 사람들에게 거부할 수 없는 막강한 힘이 있다는 것을 보여준다. 그의 실험에서 연구 조교는 길을 가는 사람들에게 길 옆에 떨어진 쓰레기를 주우라든지, 버스 정류장 건너편에 서있으라든지 등의 상식 밖의 지시를 하였다. 그러한 지시를 내린 연구 조교는 젊은 남자였는데 지시를 내릴 때, 절반은 일반 평상복을 착용하고 있었고 나머지 절반은 청원경찰의 복장을 하고 있었다. 지시의 내용에 관계없이 그가 청원경찰의 복장을 하고 있을 때, 사람들은 그의 지시에 훨씬 많이 복종하고 있었다.[5] 동물의 세계에서도 대립상황에서 크기를 부풀려서 과시를 한다. 독수리나 공작의 날개 펼침이나, 복어의 몸집 부풀리기, 고슴도치 털 세우기 등이 바로 크기 부풀리기 전략이다. 그러므로 당신이 전문가라면, 진정으로 당신의 능력과 지식의 수준을 다른 사람들에게 스스로 알려야 한다. 다른 사람이 나를 칭찬하게 하는 방법도 좋은 효과를 볼 수 있다. 다른 사람이 나를 칭찬하게 하는 것이 가능하지 않다면, 학위수여증이든 자격증이든 상장이든 당신이 보여줄 수 있는 것은 무엇이든지 설득의 대상에게 보여줘라. 사람들은 권위를 나타내는 직함 앞에 거의 기계적으로 복종하는 경우가 많다. 당신이 직접 노력해서 얻은 그 증명서들은 상대방을 설득하는 데 유용하게 활용될 것이다.

5) 로버트 치알리니, 이형우 옮김(2008). 설득의 심리학. 21세기북스, pp. 308-309에서 발췌.

5) 유사성을 찾아라

> 성공적인 갈등 처리의 비결은 101% 원리에 따라 사는 것이다. 만일 당신과 갈등관계에 있는 고집스런 사람이 있다면 당신과 그 사람이 일치하는 1%를 찾아내라. 그리고 그 1%를 위해 당신의 100% 노력과 능력을 쏟아 부어라. 그 1%를 실마리로 해서 당신 두 사람을 함께 묶도록 하라.
>
> \- 존 맥스웰(John Maxwell)

위에서 말한 신체적 매력이 중요하다는 것은 알겠지만 대부분 신체적 매력을 갖지 못한 사람들은 어떻게 하면 될까? 상대방에게 마음의 문을 열게 하는 좋은 방법은 상대방에게 좋은 감정, 즉 호의를 갖게 하는 것이다. 호의를 갖게 하는 좋은 방법 중에 유사성의 법칙이라는 것이 있다. 유유상종이라는 말이다. 우리는 닮은 사람을 좋아한다. 따라서 자신을 좋아하게 만들어서 우리에게 영향력을 발휘하려고 하는 사람들은 다양한 방법을 사용하여 우리와 비슷하게 보이도록 노력하고 있다. 옷차림새도 마찬가지다. 대학생들에게 1,000원의 돈을 요청한다고 했을 때, 요청자가 대학생들과 같은 옷차림을 요청하게 되면 2/3가 요청에 응했으며, 복장이 판이하게 달랐을 때는 그들의 절반에도 못 미치는 학생들만이 요청에 응했다고 한다.

호감도를 높이기 위하여 유사성을 조작하는 방법도 다양하다. 예를 들어, 자동차 영업 사원들은 고객과 상담할 때 그들의 취미나 배경을 알려주는 아주 작은 단서 하나라도 놓치지 말라고 교육받고 있다.[6] 같은 성을 가졌다든지, 고향, 취미생활, 군 생활, 가족관계 등등 공통점을 찾아서 맞춰주는 것은 상대방에게 한 발짝 더 다가설 수 있는 좋은 방법이다. 상대방과 같은 자세, 몸짓, 행동, 억양, 호흡을 하려고 노력하면 상대방을 공감하고 이해하기가 훨씬 쉬워진다. 최근 미러뉴런을 연구한 리쫄라티는 상대방에게 호감이 느껴지

---

6) 로버트 치알리니, 앞의 책, 246-248쪽에서 발췌.

면 그 사람과 비슷한 행동을 하게 된다는 발표를 했다. 위의 내용과는 반대되는 현상이다. 즉, 유사성이 있기 때문에 호감이 생기기도 하고 호감이 생김으로써 유사한 행동을 보이기도 한다는 것이다. 따라서 설득을 하려는 사람은 상대방에게 자신을 어필하기 위해 신체적, 심리적으로 상대방과 어떤 유사성이 있는지 찾아내거나 만들어 내야 한다. 이 경우에는 스타일, 의상, 취미, 가치관 등 모든 것들을 동원할 수 있다.[7] 대통령이 야당대표와의 만남에서 상대방의 당을 상징하는 색깔의 넥타이를 매고 만나는 것도 유사성을 이용하여 상대방에게 호감을 주려는 것이다. 이러한 작은 유사성이 비록 하찮은 것으로 보일지 모르지만, 그것은 분명한 효과가 있다. '나도 당신과 같은…'이라는 공통분모를 찾아내면 고객을 훨씬 쉽게 설득할 수 있다. 보험회사 판매원들에게 질문한 바에 의하면 영업사원과 나이, 종교, 고향, 정치관 등에서 유사성이 높을수록 보험을 계약할 가능성이 높아진다고 한다.

왜 우리는 자신과 비슷한 사람들을 좋아하는 걸까? 몇 가지 이유가 있다. 첫째, 누군가가 우리와 비슷하게 행동하고 있다면 그것은 내가 '옳다'는 증거를 제공한다. 둘째, 비슷한 태도나 취향을 갖고 있는 사람들은 서로의 행동을 더 쉽게 예측할 수 있다. 우리는 예측 가능한 사람과 있을 때 스트레스를 덜 받는다. 셋째, 자기와 비슷한 사람을 싫어하는 것은 곧 자기를 싫어하는 것이 된다. 그래서 사람들은 자기와 비슷한 사람을 좋아한다.[8]

6) 진심으로 칭찬하라

> 우리는 누구나 잘못을 저지르기 쉽다. 아홉 가지의 잘못을 찾아 꾸짖는 것보다는 단 한 가지의 잘한 일을 발견해 칭찬해 주는 것이 그 사람을 올바르게 인도하는 데 큰 힘이 될 수 있다.
> - 데일 카네기(Dale Carnegie)

---

7) EBS제작팀 · 김종명(2011). 설득의 비밀. 쿠폰북, p. 186.
8) 이민규, 앞의 책, 47-48쪽 참조.

어느 유명한 바람둥이에게 어떻게 하면 그렇게 쉽게 여자들을 사로잡는지를 물었다. 그랬더니 이같이 말했다. "특별한 것은 없습니다. 여자가 하는 말에 관심을 갖고 열심히 들어주는 것입니다. 그 여자가 어떤 말을 하든지 관심을 가지면서 들어주고 적절히 칭찬을 해주면 됩니다." 열심히 들어주고 대화에 보조를 맞추는 것은, 상대방의 마음을 얻어내어 나에게 관심을 갖게 하는 지름길이다. 나에게 관심을 갖게 하고 싶거든, 내 자신이 귀와 눈을 닫지 말고, 다른 사람에게 관심을 먼저 표시해 주고 좋은 점을 찾아내어 칭찬해 주어야 한다. 이 점을 이해하지 못하면, 아무리 재간이 있고 능력이 있더라도 남의 호감을 얻는 것은 불가능하다.

국립국어원이 600여 명을 대상으로 '배우자 · 부모 · 자녀에게 가장 듣고 싶은 말'을 조사해 보니, 한국인들이 집에서 가장 듣고 싶어 하는 말은 '잘했어', '수고했어'와 같은 감사와 칭찬이었다고 한다. 부부는 배우자에게 듣고 싶은 말로 81%가 '수고에 대한 감사'를 꼽았다. 그 다음은 '능력에 대한 칭찬(11%)', '성격에 대한 칭찬(5%)' 순이었다. 부모들도 71%가 자녀에게 '수고에 대한 감사'를 듣고 싶다고 했다. '능력에 대한 칭찬'은 14%, '성격에 대한 칭찬'은 7%에 불과하다. 자녀는 부모에게 '노력에 대한 칭찬(52%)'을 가장 듣고 싶어 했다. 행동, 성적에 대한 칭찬을 바라는 비율은 각각 27%와 10%였다. 어느 세대나 가장 듣기 싫은 말은 다른 사람과의 비교였다.[9)]

어느 누구든지 사람들은 관심받고 인정받고 칭찬받기를 원한다. 누구를 만나든 그 사람의 장점을 찾아내어 칭찬을 해주는 것도 나에게 호감을 갖게 하는 아주 좋은 방법이다. 미국의 유명한 남자 배우는 그의 부인과 결혼하게 된 결정적 계기가 부인의 '나는 당신이 좋아요'라는 말 한마디 때문이었다고 한다. 사람들은 칭찬하는 말이 진실이라고 믿는 경향이 있으며 비록 아부성이나 사탕발림이라고 할지라도 그런 말을 하는 사람들을 더 좋아한다고 한다.

9) 2015년 국어정책통계연감.

칭찬을 할 때는 다음과 같은 방법으로 칭찬해 보라. 두리뭉실하게 하지 말고 구체적으로, 자신도 몰랐던 장점을 찾아내서, 직접 칭찬보다는 공개적으로 하거나 제3자에게, 차별화된 방식으로, 결과뿐 아니라 과정을, 뜻밖의 상황에서, 다양한 방법을 통해서 칭찬을 하면 훨씬 더 좋은 효과를 얻을 수 있다.[10]

심리학자 애론슨과 린다는 미네소타 대학교의 여학생 80명에게 남들이 자신에 대해 이야기하는 것을 엿듣게 했다. 그러고 나서 그 이야기를 한 사람에 대한 호감도를 평가하게 했다. 첫 번째는 '지적이고, 말솜씨가 좋으며, 호감이 가는 인상을 가지고 있다'는 말로 처음부터 끝까지 계속 칭찬하게 했다. 두 번째는 '지적이지 못하고, 말주변도 없으며, 피상적이다'라는 식으로 처음부터 끝까지 나쁘게 말하도록 했다. 세 번째는 처음에는 부정적인 말들로 시작하지만 나중에는 칭찬하는 말로 마무리를 짓도록 했다. 네 번째는 세 번째 조건과 같은 내용이지만 순서를 바꿔 처음에는 칭찬으로 시작하지만 나중에는 비난으로 끝내게 했다. 엿듣는 사람들이 가장 호감을 느끼는 경우는 어떤 조건일까? 아마도 시종일관 칭찬만을 하는 첫 번째의 사람을 가장 좋아할 것이라고 생각할지 모른다. 하지만 사람들은 부정적인 평가로 시작해서 칭찬으로 끝내는 세 번째 조건의 사람을 가장 좋아했다. 왜 이런 결과가 나왔을까? 거기에는 몇 가지 이유가 있다. 첫째, 좋은 말도 자꾸 듣다보면 식상하듯이 칭찬도 반복되면 그 효과가 급격히 줄어든다. 둘째, 칭찬만 반복되면 신빙성이 떨어져 그 사람의 말을 신뢰하지 않게 된다. 셋째, 누굴 만나든 칭찬만 하는 사람에게 듣는 칭찬은 단지 그 사람의 습관에 불과하다고 생각한다. 칭찬으로 시작해 비난으로 끝나는 조건은 최악의 점수를 받았다. 그러나 비난으로 시작해 칭찬으로 끝나는 경우는 네 가지 조건 중 최고 점수를 받았다. 왜 그럴까? 칭찬 뒤에 토를 달면 뿌듯하다가 갑자기 기분이 나빠진다. 긍정적인 기대를 하고 있을 때 부정적인 행동을 보이면 훨씬 더 기분이 나빠지기 때문이다. 이처럼 어떤 행동이 기대치에 어긋났을 때 더 기분이 나빠지는 것

10) 이민규, 앞의 책, 69쪽.

을 '기대치 위반 효과(expectancy violation effect)'라고 한다. 반면 부정적인 면을 먼저 지적하고, 칭찬으로 마무리를 짓는 것은 상처에 치료제를 발라주는 것과 같다. 부정적인 말을 했다면 반드시 칭찬을 해줘야 한다.[11] 2018년 월드컵에서 우리나라 대표팀은 시범경기나 1,2차 예선전에서 졸전을 거듭했지만 마지막 3차전에서 세계 FIFA랭킹 1위이며, 지난 번 월드컵 우승국인 독일팀을 2:0으로 이겼다. 그렇게 비난을 퍼붓던 국민들은 비록 16강 진출에는 실패했지만 잘했다는 칭찬으로 바뀌었다. 언제나 끝이 더 중요하다.

"사진작가인 김사진씨는 이웃에 사는 부부의 식사 초대를 받았다. 그런데 식사초대를 받고 빈손으로 갈 수가 없어서 자기가 찍은 작품 중에서도 아주 멋진 작품을 고르고 골라서 선물로 가지고 갔다. 그 작품을 받아 본 초대한 집의 부인은 다음과 같이 말했다. "어머 사진기를 좋은 거 쓰시나 봐요. 사진이 정말 잘 나왔어요." 그 말을 들은 사진작가는 속으로 씩씩거리며 화를 참아냈다. 사진작가인 자기의 작품을 사진기가 좋아서 사진이 잘 나왔다니 정말 치욕적인 말이 아닌가? 그래서 어떻게 해야 분이 풀릴까 골똘히 생각하다가 식사를 마치고 그 집을 나가면서 그 집 부인에게 말했다. "조리 기구를 좋은 걸 쓰시나 봐요. 음식이 아주 맛있었어요."

사람들은 누구나 특별한 존재로 취급 받고 싶어 한다. 인간 본성의 가장 깊은 원칙은 인정받으려는 욕구다. 그런데 위의 예문을 보면 칭찬의 대상이 사람이 아닌 사물로 바뀌었다. "정말 사진을 잘 찍으시네요. 예술이네요."라고 해야 된다. 그렇게 했다면 사진작가도 "요리를 정말 맛있게 잘 하시네요. 일류요리사가 해준 것보다 훨씬 맛있게 잘 먹었습니다"라는 말이 나왔을 것이다. 칭찬을 해주는 것은 상대방이 특별한 존재라는 사실을 인정하는 것이다. 즉, 상대방에게 자존심과 우월감을 느끼게 해준다. 우월감을 이용하여 설득하는 것도 좋은 방법이다. 그러나 다음과 같이 하면 어떻게 될까? "처음부터 끝까지 내 이야기만 늘어놓는다.", "상대방이 말을 끝내기 전에 도중에

11) 이민규, 앞의 책, 62-64쪽 참조.

끼어든다." "상대방이 거부감을 느끼는 주제를 찾아 화제로 삼는다.", "맞장구 대신 엉뚱한 소리로 대화에 김을 뺀다.", "딴 생각을 하고 있다가 이미 했던 얘기를 되묻는다.", "무슨 말이든 무관심하고 시큰둥한 태도를 보인다.", "쳐다보거나 고개를 끄덕이지 않고 웃지도 않는다.", "딴전을 피우고 다리를 떨거나 하품을 한다.", "말하는 사람 대신 다른 사람에게 관심을 보인다.", "내 말은 옳고, 상대가 틀렸음을 기를 쓰고 증명한다."[12)]와 같은 행동들은 설득과 협상하는 데 있어서 전혀 도움이 되지 않는다. 상대방이 이쪽에게 갖는 불만은 대단한 이유에서 비롯되지 않는다. 무시, 소외감, 따돌림 등에서 오는 경우가 대부분이다. 상대방의 의견을 부정하려 하지 말고 상대방을 인정하는 것이 좋다. 불평불만을 과소평가하지 말고 진지하게 받아들여서 상대방의 체면을 살려주는 것이 좋다.

7) 이름을 불러줘라

꽃

김춘수

내가 그의 이름을 불러주기 전에는
그는 다만 하나의 몸짓에 지나지 않았다.

내가 그의 이름을 불러주었을 때
그는 나에게로 와서 꽃이 되었다.

내가 그의 이름을 불러준 것처럼
나의 이 빛깔과 향기에 알맞는
누가 나의 이름을 불러다오.

---

12) 이민규, 앞의 책, 124쪽.

> 그에게로 가서 나도 그의 꽃이 되고 싶다.
> 우리들은 모두 무엇이 되고 싶다.
> 너는 나에게 나는 너에게
> 잊혀지지 않는 하나의 의미가 되고 싶다.

상대방에게는 자신의 이름이 나오는 순간 가장 달콤하면서도 중요한 의미가 된다. 내 이름을 기억하지 못하고 있을 거라고 생각했는데 내 이름을 불러주면 분명히 큰 의미가 되어 상대방에게 호감을 주게 된다. 이름을 기억한다는 것은 상대방에 대해서 관심이 있다는 것을 나타내는 것이다. 성공한 많은 사람들의 특징 중 하나가 '이름 외우기'라는 것은 많이 알려진 사실이다. 이름은 부르라고 있는 것이다. 자신의 이름을 불러준 당신을 고맙게 여기고 친근하게 생각하고 기억하게 될 것이다.

데일 카네기는 열 살이 되던 해에 사람들이 이름에 대해서 놀라울 정도의 중요성을 부여한다는 사실을 발견했다. 그리고 그 점을 이용해서 협력을 이끌어 내는 데 사용했다. 그가 스코틀랜드에서 유년시절을 보냈을 당시, 새끼를 밴 어미 토끼를 잡았다. 그리고 그에게 곧 한 무리의 아기 토끼가 생겼다. 그러나 토끼에게 줄 먹이가 없었다. 다행히 좋은 생각이 떠올랐다. 그는 곧 이웃에 사는 친구들에게 토끼가 먹을 클로버나 민들레를 가져다주면 친구들의 이름을 따서 토끼의 이름을 짓겠다고 했다. 그 계획은 마법과 같은 결과를 불러왔다. 그리고 카네기는 그 일을 결코 잊지 못했다. 그는 사람들이 보통 이 땅의 모든 사람들의 이름을 합친 거보다 자신의 이름에 훨씬 더 관심을 갖는다는 것을 일찌감치 알아차렸다. 다른 사람의 이름을 기억하고 편하게 불러주는 것은 은근하면서도 굉장히 효과 있는 칭찬을 하는 것과 같다. 그러나 이름을 잊어버리거나 잘못 불렀다가는 엄청난 난관에 부딪치게 될 것이다.[13)]

---

13) 데일 카네기, 강성복 · 정택진 옮김(2011). 데일 카네기의 인간관계론. 리베르, pp. 2-3 '이름을 기억 못하면 문제에 처한다'에서 발췌.

8) 자주 만나라

어떤 실험에서 연구자들은 몇몇의 얼굴들을 재빨리 스크린에 지나가게 하여 사람들에게 보여주었다. 그러나 속도가 너무 빨랐기 때문에 피실험자들은 그 얼굴을 기억하지 못하였다고 보고하였다. 하지만 스크린에 자주 지나간 얼굴일수록 피실험자들은 그들을 나중에 실제로 만났을 때 더 높은 호감도를 나타냈다. 그리고 호감도가 사회적인 영향력으로 이어지기 때문에 당연하게도 이 피실험자들은 스크린에서 자주 보았던 그 사람들의 견해에 더 쉽게 설득당하였다.[14] 한전 직원이 송전탑 건립을 반대하는 주민을 14번이나 찾아가서 설득에 성공했다는 일화는 자주 만나면 친숙해지고 호감도가 높아져서 설득에 성공한다는 이론을 뒷받침해 준다. 1889년 투박한 철골 구조물의 에펠탑이 파리에 처음 세워질 때 시민들의 극렬한 반대에 부딪혔다고 한다. 결국 20년 후에 철거하기로 약속을 하였는데, 20년이 지난 후에는 오히려 시민들이 철거에 반대하여, 130년이 지난 지금까지 파리에서 없어서는 안 될 랜드마크로 자리 잡고 있다. 이는 반복노출 또는 접촉이론으로 설명할 수 있는데 사람들이 어떤 대상을 보고 또 보면 우호적인 감정이 생긴다고 한다. 우리가 연예인들을 좋아하는 이유도 그들이 특별히 잘생겼기 때문만이 아니라 자주 보기 때문이다.

우리의 뇌는 심리적 친근감을 바탕으로 사물과 사람을 판단한다. 인간의 자동 시스템은 가장 친숙하고 쉽게 머릿속에 떠오르는 사물이나 사람에게 집중하고 이들이 가장 뛰어나다고 여긴다. 반복을 통해 친숙해지면 받아들이기도 쉬워진다. 카너먼(Kahneman)의 말처럼 "허위정보를 믿게 하려면 잦은 반복이 가장 확실한 방법이다. 친숙함과 진실은 쉽게 구분되지 않기 때문이다." 그래서 마케터와 정치인들은 반복의 힘을 적극 활용한다. 같은 메시지를 반복하고 또 반복한다. 친숙한 메시지에 믿음이 간다는 점을 알기 때문이다.

---

14) 로버트 치알리니, 앞의 책, p. 253.

말을 반복적으로 듣다 보면 친숙해지고, 어느덧 진실처럼 느껴진다는 점을 알기 때문이다. 사실 대부분의 설득은 사람들이 어떤 행동을 머릿속에 쉽게 떠올리게 하려는 노력이다. 우리 뇌의 자동 시스템은 가장 쉽게 떠오르는 브랜드에 주목하고 그 브랜드가 가장 뛰어나다고 생각한다.[15)]

마케팅에서 반복노출 또는 접촉이론은 가장 흔하고 쉽게 이용되는 효과로서 소비자에게 제품을 단순반복 노출시키면서 인지도를 상승시키고 긍정적 이미지까지 형성시키는 효과이다. 기업들이 드라마나 영화에서 간접광고라 불리는 PPL(Product Placement) 역시 단순반복 노출시켜 소비자들에게 브랜드가 인식되는 효과를 누리려고 한다. 반복 노출로 인해 익숙해지면 현상을 관대하게 보는 경향이 생긴다. 광고의 반복을 통해 '친숙'이라는 코드가 생기게 되면 마케팅하기도 쉬워진다.

우리 뇌의 자동 시스템인 무의식은 반복적으로 노출되어, 가장 쉽게 떠오르는 사물과 사람에게 가장 큰 주의를 기울이며, 가장 중요하다고 생각해서, 가장 많은 신뢰를 보낸다.

9) 관계를 맺어라

인간관계는 사람들 사이에 맺어지는 개인적이고 정서적인 관계를 이르는 말이다. 인간관계라는 말은 넓은 뜻으로 대인관계이고 좁은 의미로는 인간 사이에 존재하는 문제를 의미하는 것으로 그것은 다른 사람과의 좋은 상태를 유지하기 위한 모든 것이라고 할 수 있다. 심리상담가에게 상담하는 대부분의 사람들은 인간관계 때문에 상담을 한다고 한다. 이것은 그만큼 인간관계가 어렵다는 것을 반증한다. 대부분의 사람들에게 살아가면서 가장 힘든 것이 무엇인가라는 질문을 하면 '일이 힘들어서'가 아니라 '함께하는 가족이나 구성원들과의 갈등 때문에 힘들어서'가 가장 많은 이유로 꼽힌다. 아무리 일

15) 제임스 크리민스, 정수진 옮김(2017). 도마뱀을 설득하라. 한빛비즈, pp. 47-54 참조.

이 힘들고 어려워도 함께하는 사람들과의 관계가 좋으면 헤쳐 나가는 힘이 되지만, 함께하는 사람들과의 관계가 좋지 않으면 일이 힘들게 느껴지고 갈등에 시달리게 된다. 인간관계에 따라 우리의 행복과 불행, 슬픔, 기쁨 등의 감정이 결정된다.

사람의 성공의 요소에는 크게 두 가지 요소가 있다고 한다. 하나는 전문적인 기술이요, 다른 하나는 인간관계라고 한다. 인간관계전문가 카네기는 "한 사람의 성공의 15%는 전문적인 기술에 달려 있으며 나머지 85%는 인간관계에 달려있다"고 말했다. 미국 보스턴 대학의 헬즈만 교수 팀은 성공과 출세에 가장 중요한 요인이 무엇인지 알아보기 위해 7세 어린이 450명을 대상으로 47세까지 40년간 추적 조사를 실시했다. 그 결과 '다른 사람과 잘 어울리는 능력', '실패와 좌절을 대하는 태도', '감정을 조절하는 능력'이 성공과 행복의 가장 중요한 요인으로 밝혀졌다. 미국 카네기멜론 대학에서도 흥미로운 조사를 실시했다. 자신의 인생을 실패라고 평가한 1만 명의 사람에게 "본인이 성공하지 못한 이유는 무엇이라고 생각하는가?"라는 내용으로 설문 조사를 한 결과, 85%에 달하는 사람이 '원만하지 못한 인간관계'를 가장 큰 실패 요인으로 꼽았다. 카네기멜론 대학과 보스턴 대학의 40년 연구가 말해주듯, 타고난 능력이나 재능보다 더 중요한 것이 '대인 관계 지능', 즉 '다른 사람과 잘 어울리는 능력'이다.

중앙일보에서 협상의 달인이라고 하는 존 스튜어트 교수를 만나서 대담하는 자리에서 질문을 했다. "이스라엘과 팔레스타인이나 한국과 북한의 문제를 해결하기 위해선 뭐가 제일 중요할까요?"라고 물었다. 교수의 답변은 이랬다. "내가 보기엔 당국자들끼리 만나 편하게 점심 한 끼 먹는 거다. 일 얘기는 절대 하지 말고. 상대방 아이는 몇 살이고, 축구를 좋아하는지 등등, 서로를 알아가고 감정을 나누면서 대화의 물꼬를 트는 거다. 다짜고짜 협상 어젠다를 올려놓으면 감정만 앞세우게 된다. 중요 협상일수록 사람들은 남의 이야기에 귀를 닫고 자기 얘기만 하려 들기 때문이다. 하지만 내 감정을 고르게 하고 내 말을 듣도록 하면 설득의 길이 열린다. 상대방이 중시하는 가치를 내가 잘 이해하고 있으며, 그 가치가 훼손되지 않을 거라는 신뢰를 쌓아야 한다. 그 첫 단추가 감성적 접근을 통한 인간적 관계다."[16]라고 말했다.

인터넷에 떠도는 얘기로 석사, 박사 위에 '밥사'라는 학위가 존재한다는 말이 있다. 모든 설득과 협상은 식사와 함께 시작된다고 한다. 식탁에 앉아서 마주 보고 식사하면서 살아가는 얘기를 하다 보면 지금까지 가지고 있었던 미움이나 경계심이 풀어지게 된다. 그래서 식사 자리는 타인과의 공감대를 형성하고 인간관계의 돌파구를 찾을 수 있다. 사람들이 음식을 대접받거나 함께 먹게 되면 상대방에 대한 호감이 늘어나게 되는데, 이를 '오찬효과(luncheon effect)'라고 한다.

인간관계라고 해서 어려운 것만은 아니다. 힘이 들 때 누군가가 옆에서 "내가 도와줄게"라고 말했을 때 이 말 한마디가 큰 힘이 될 때가 있다. 그렇다면 따뜻하게 얘기해 보자. "내가 도와줄게. 도움이 필요하면 언제든지 얘기해." 인간관계에서 인맥은 관리하는 것이 아니라 함께 참여하는 것이다. 함께 하는 사람의 행복과 기쁨, 슬픔, 삶에 참여하는 것, 이것이 인간관계의 핵심 포인트라고 생각한다. 인터넷과 SNS 등의 여러 매체들의 발달로 사람들과 연락을 주고받을 수 있는 다양한 방법들이 있다. 마음을 표현하는 것만큼은 아날로그적인 감성으로 전달해서 우리 인간만이 느낄 수 있는 따뜻함을 전달한다면 나중에 더 큰 도움을 받을 수 있다.

중국에서 꽌시(關係)가 중요하다고 말한다. 꽌시가 아니면 아무것도 안 된다고 말이 많지만 동서양을 막론하고 인간의 '관계'란 똑같다. 뉴욕이나 워싱턴에서 미국인과 관계를 맺건 북경에서 중국 고위공직자와 관계를 맺건 동일한 원칙은 기술과 기교가 아니라 진실함과 진정성으로 인간답게 행동하는 게 답이다.

---

16) 중앙선데이(2012. 2. 19).

10) 주면 받을 수 있다

우리는 다른 사람이 베푼 호의를 언젠가는 갚아야 한다는 강박관념에 시달린다. 설사 그것이 이윤을 추구하려는 목적이 있다고 하더라도 그에게 호의를 느낀다. 먼저 호의를 베풀면 상대가 호의에 보답해야 한다는 부채감을 주기 때문에 특별한 힘이 생긴다는 것이 상호성의 법칙이다. 애리조나 주립대학의 로버트 치알디니(Robert Cialdini) 교수는 『설득의 심리』에서 설득 전략 중 하나로 상호성의 법칙을 꼽았다. 이 법칙은 남의 호의, 선물, 식사 초대 등등이 결코 공짜가 아니라 분명 미래에 당신이 갚아야 할 빚이라는 것을 우리에게 강조하고 있다.

마케팅 기법 중 흔히 사용하는 방법 중 하나가 화장품 샘플이다. 요즈음에는 당연한 것처럼 받고 있지만 고객은 샘플을 받게 되면 고마움을 느낀다. 이런 관계가 형성되면 다른 제품이나 신제품을 제안했을 때 구매할 가능성이 높아진다. 그리고 관광지나, 대형 마트, 농산물을 판매하는 재래시장에서 맛보기 샘플이나 시식코너도 상호성의 법칙을 적용한 방식이다. 이곳저곳 돌아다니면서 배를 채우는 진상고객도 있지만 시식을 한 고객 중 상당수는 반드시 구매하게 된다. 지하철 역 입구에서 광고 전단지를 돌리는데 전단지만 주면 사람들이 잘 받지 않지만, 껌이나 사탕, 물휴지를 끼워주면 많은 사람들이 받아간다. 전단지만 받았을 때는 휴지통에 바로 버리지만, 따라붙은 사탕이나 껌 때문에 전단지를 한 번 읽어보게 된다. 음식점의 종업원들도 손님에게 친절하게 하거나 추가 서비스 음식을 가져다주면 팁도 늘어난다고 말한다. 일반적으로 선물을 받고 나면 선물을 받기 전에는 거절했을 만한 서비스나 상품도 기꺼이 구입하려는 자세를 보인다는 것이다.

문화인류학자 리키(Leakey)는 이러한 상호성의 법칙이야 말로 인간을 인간답게 하는 가장 중요한 원천이라고 규정하고 있다. 그리고 프랑스의 인류학자 마르셀 모스(Marcel Mauss)도 선물을 주고받는 행위는 '의무'라고까지 말하고 있다.

"인류 사회의 선물을 주고받는 과정에서 세 가지 종류의 의무가 있는데, 그것들은 선물을 주어야 하는 의무, 선물을 받아야 하는 의무, 그리고 받은 선물을 언젠가는 보답해야 할 의무를 말한다."

인간관계에서의 기본 원칙은 상대에게 이익을 주는 것이다. 금전적인 이익뿐 아니라, 감동, 즐거움, 기쁨 같은 정신적인 이익도 상대방에게는 잊지 못할 소중한 이익이 된다. 그러므로 상대방으로부터 받아내려면 원하는 것을 먼저 주어야 하고, 협조를 이끌어 내고 싶다면 먼저 그를 도와야 한다. 설득에서도 마찬가지다. 먼저 상대방이 원하는 것이 무엇인지를 알아내어, 원하는 것을 주거나 얻을 수 있는 방법을 제시해야 한다.

3. 감정에 호소하라

결정의 90퍼센트는 감성에 근거한다. 감성을 동기로 작용한 다음, 행동을 정당화하기 위해 논리를 적용한다. 그러므로 설득을 시도하려면 감성을 지배해야만 한다.

- 리버만(Lieberman)

우리는 매일같이 수많은 사람, 물체, 상황들을 접하지만 모두 기억하지는 못한다. 중요한 부분은 기억하고 중요하지 않은 부분은 잊게 하는 뇌의 기억 시스템이 있기 때문이다. 우리의 뇌는 감정과 관련된 기억에 민감하게 작용한다. 동물들은 치열한 생존경쟁의 환경 속에서 살아남기 위해서 생존과 연결된 사건을 기억해야 하는데, 이는 감정과 연관되어 있다. 어디에 공격자가 있는지 등은 공포와 연관이 있고 식량이 어디에 있는지는 기쁨과 연관이 있다. 그러므로 우리의 뇌의 기억 작용은 강렬한 감정과 연관이 있을 때 더 잘 기억해 낸다. 우리의 마음속에는 태어나면서부터 경험해 온 모든 것들이 기록되어 그때그때의 상황에 따라서 드러난다. 그래서 과거의 경험을 뒤돌아

볼 때 기뻤던 일이나 슬펐던 일을 먼저 기억해 내는 것이다.

광고를 본 후 자기도 모르는 사이에 갖고 싶은 충동이 생기거나 구매하고 싶은 의도를 갖게 된다. 굉장히 예쁜 물건을 보면 너무나 예뻐서 갖고 싶은 충동이 들지만 자기는 원래 이런 물건이 필요했었다고 자기 합리화를 한다. 그러나 사실은 무의식적인 충동이 그 물건을 갖고 싶게 만든 것이다. 이렇게 무의식적으로 소비자들이 특정 물건에 대해 충동을 느끼면 구매 행동이 급격히 이뤄진다. 그리고 감정 상태에 따라 구매 상황이 바뀌기도 한다. 예를 들어, 슬픈 감정 상태에서 쇼핑을 한다고 했을 때 평상심에서 중립적인 마음으로 구매하는 사람보다 고가의 물건도 기꺼이 사들이고, 반면 슬픈 감정에 빠진 판매자는 평상심의 중립적인 판매자보다 낮은 가격에도 똑같은 물건을 팔아 치운다고 한다. 실험 결과를 보면 감정 상태에 따라 상황이 달라진다는 것을 확실하게 알 수 있다. 슬픈 장면의 동영상을 보여준 그룹과 아무런 감정도 유도하지 않는 영상을 보여준 그룹에게 만년필 한 세트를 주고 얼마에 팔고 얼마에 살 것인지 결정하라고 했을 때, 슬픈 동영상을 본 고객은 중립인 고객보다 무려 30% 더 높은 가격으로 물건을 구매하겠다고 했으며, 슬픈 감정에 빠진 판매자는 중립인 판매자보다 33% 더 낮은 가격으로 물건을 팔겠다고 의사를 표시했다.

버지니아 주립대학의 인지 심리학자 티모시 윌슨(Timothy Wilson) 교수는 무의식이 우리의 생각과 선택, 행동에 미치는 영향을 연구했다. 윌슨 교수는 무의식의 영향을 이렇게 설명한다. "우리는 종종 생각 후에 행동이 따르는 것을 보고, 생각이 행동을 야기했다고 가정한다. 하지만 사실은 무의식적인 의도라는 제3의 요소가 의식적인 생각과 행동 모두를 야기했을 가능성이 있다."[17] 의사결정은 우리 안의 무의식이 담당한다. 그러니 무의식을 설득하려면 무의식의 방식과 언어를 이해해야 한다. 대부분의 결정에서 의식의 역할은 크지 않다. 이와 같이 무의식이 움직이는 충동경향은 우리의 인생 전반을

17) 제임스 크리민스, 앞의 책, 101-103쪽 참조.

통해 수시로 나타난다. 말하자면 무의식은 곧 자기 자신이 살아온 과정에 대한 기억이기 때문이다. 이러한 기억들이 감정을 통해서 드러나서 우리의 마음을 지배한다. 무의식은 호감, 혐오, 두려움, 행복감 등의 감정을 이용하여 욕구를 표현하기 때문에 감정에 반응한다. 따라서 인간이 의사결정을 할 때 이성적으로 합리적인 판단을 한다는 것은 구조적으로 불가능하다. 이성의 뇌는 무의식의 뇌가 이미 결정해 버린 결과를 합리화하는 역할을 주로 한다. '나는 이러한 이유가 있어서 이 제품을 샀다'가 아니라 '나는 이 제품이 좋은데, 이런 저런 이유가 있어서 이 제품이 좋아'라고 자기 스스로를 합리화 시킨다. 이를 후합리화라 한다. 인간의 행동은 이성적인 판단이라기보다는 외부의 감정적인 영향에 의해 주로 좌우된다. 그러므로 설득을 하는 데에 있어서 감정에 호소하는 것은 매우 중요하다.

1) 설득하려면 먼저 들어주라

> 대중에게 다가서는 지름길은 그들에게 혀를 내미는 것이 아니라 귀를 내미는 것이다. 내가 상대방에게 어떤 달콤한 말을 한다 해도, 상대방 입장에서는 자기가 말하고 싶어 하는 얘기의 절반만큼도 흥미롭지 않은 법이다.
>
> \- 도로시 딕스

영국 정치가이면서 소설가인 디즈레일리(Disraeli)는 "다른 사람의 호감을 갖게 하는 것은 간단하다. 다른 사람의 말을 열심히 듣는 것이다"라고 말했다. 즉, 상대방을 사로잡는 가장 좋은 방법은 상대방이 하는 이야기에 관심을 가지고 열심히 들어주라는 것이다. 특히 사람을 설득할 때는 내 말만 해서는 안 된다. 설득하려면 상대방의 원하는 것을 어떻게 얻어낼 수 있는지 이야기해 줘야 한다. 설득은 내가 상대방에게 행동을 요구하는 것이 아니라, 상대방이 원하는 바를 어떻게 실현할 수 있는지 방법을 알려주는 것이다. 설득은 원하는 바를 해결해 주는 것이지 그것을 바꾸려고 해서는 안 된다. 설득은 상대방의 원하는 바를 알아내어 내가 제시하는 행동의 실현점이 만나는 지점이 어딘 지를 찾아내는 것이다. 상대방이 강압이나 명령에 의해서 굴복한다고 느낀다면 설득에 성공할 수 없다. 이때 상황을 바꾸거나 상대방이 원하는 것을 얻을 방법을 알려주면, 그런 반발심이 수그러든다. 행동 변화가 달라진 상황에 대한 대응이라고 느끼거나, 원하는 것을 얻기 위한 수단이라고 여기면 상대방은 스스로를 설득한다.

대화할 때는 가장 중요한 7 : 3의 법칙을 활용해야 한다. 상대방이 70%의 말을 하도록 하고 나는 30% 정도의 말로 응대하라는 말이다. 우리가 일상생활에서 흔히 하는 실수가 상대방의 말을 끝까지 듣지 않고 중간에서 잘라버리는 것이다. 이렇게 되면 상대방은 더 이상 대화하고 싶은 생각이 없어질 것이다. 또한, 상대방의 이야기를 중간에서 잘라버린다면 상대방이 정말로 하고 싶은 말의 핵심을 놓칠 수도 있다. 그것을 놓친다면 그가 원하는 것이 무엇인지 알 수가 없고 내가 진심으로 상대에게 해주고 싶은 말의 방향도 달라질 수밖에 없다.

경청을 하게 되면 사람들은 누구나 좋아한다. 자신의 이야기를 열심히 들어주는 상대방에게 호감을 느낀다. 반면 듣지 않는 사람과는 대화하고 싶은 마음이 사라진다. 그리고 경청이 중요한 것은 몰랐던 사실을 알아낼 수 있는데 있다. 자신이 알고 있는 상대방에 대한 지식은 한정되어 있다. 이 점을 자각하고 있는 사람은 적극적으로 듣는다. 상대방의 말 속에서 몰랐던 새로운 사실을 발견할 수가 있다. 따라서 생각을 바꾸면 상대방의 불만도 고마운 정보가 된다. 또한 상대방의 말을 경청하면서 자신의 모습을 돌아볼 수 있다. 그리고 중요한 것은 상대방의 숨겨진 속마음을 파악할 수 있다는 점이다. 속마음을 파악했다면 설득점을 잡을 수 있다. 상대방이 원하는 바에 따라 원하는 것을 이룰 수 있도록 행동변화를 이끌어 낼 수 있는 보상을 찾아내면 된다. 알아내야 할 숨겨진 속마음은 주로 상대방이 현재 처한 속사정, 현재 주요 관심사, 좋아하는 것, 상대방이 가졌던 가치관이나 인생관, 해결이 시급한 문제, 불만 사항 등을 파악하는 것이다.

2) 공감은 설득의 중요한 무기다

> 사람은 누구나 자기 말이 옳다고 얘기해 주는 이들에게는 호감을 갖는다. 사람은 누구나 자기 말에 토를 달거나 동의하지 않는 이들은 싫어한다. 사람은 누구나 자기 말에 대해 좋은 반응이 없을 때는 기분이 나빠진다. 공감적 경청이 필요한 이유가 여기에 있다. - 레스 기블린(Leslie Giblin)

사람은 행동뿐 아니라 정서와 감각도 공유한다. 우리가 타인과 공유하는 것은 신체 동작에 국한되지 않는다. 슬퍼하는 사람을 보면 같이 울적해지고, 기뻐하는 사람을 보면 덩달아 기분이 좋아진다. 공감이란 상대방의 마음이나 감정을 상대방이 느끼는 그대로 아는 것이다. 한때 TV 드라마 '다모(茶母)'에 나왔던 대사 "아프냐? 나도 아프다"라는 말이 유행했다. 내가 아끼는 사람이 아프면 나 역시 아픔을 느끼는 공감을 나타낸 말이다. 우리의 뇌에는 다른 사람의 몸짓을 보거나 말을 들으면 그 사람과 같은 느낌을 받게 하는 신경세포가 있다. 바로 '거울 뉴런(mirror neuron)'이다. 1990년대 이탈리아 과학자들이 원숭이에게서 처음 발견한 현상으로, 상대가 공을 쥐는 모습을 바라보면 내 뇌에서도 공을 쥐는 것과 관련된 신경이 작동하는 식이다. 우리는 행동뿐 아니라 정서와 감각도 공유한다. 우리가 타인과 공유하는 것은 신체 동작에 국한되지 않는다. 우리는 그 사람의 감정도 공유한다. 인간을 비롯한 영장류 모두가 거울 뉴런을 갖고 있어 동료의 고통을 제 것인 양 느낄 수 있다. 따라서 상대방의 마음을 이해하고 공감하기 위해서는 적극적으로 행동을 같이 하고 말이나 표정들도 비슷하게 하면 더 쉽게 그 사람의 마음속에 접근할 수가 있다.

소설가 알퐁소 도데(Alphonse Daudet)는 다음과 같이 말했다. "작가는 묘사하고 있는 인물 속으로 들어가야 한다. 그의 몸속으로 들어가서 그의 눈으로 세상을 보고 그의 감각으로 세상을 느껴야 한다." 상대방의 입장에서 지각하고 느끼고 상상해야 한다. 그 대상의 세계가 자신의 세계이고, 그의 감각기관과 육체적 속성이 자신의 것이라고 가정하라. 만일 당신이 그 사람이라면 어떻게 느끼고 행동하고 반응할 것인가? 자신의 내부에 있는 감각과 정서 사이에 연결된 끈을 찾아내야 한다. 저명한 철학자 칼 포퍼(Karl Popper)는 "나는 사람이 새로운 이해를 얻을 수 있는 가장 유용한 방법은 '공감적인 직관' 혹은 '감정이입'이라고 본다. 문제 속으로 들어가서 그 문제의 일부가 되어버리는 것이다"라고 말했듯이 그 사람의 문제 속으로 들어가서 그 문제 자체가 되어야 한다. 과학사가인 토마스 쿤(Thomas Kuhn)은 과학자의 삶을 단계적으로 복원시키는 과정에서 중요한 것은 그들의 삶 속으로 파고 들어가야 한다고 강조했다. 그는 "당신이 틀렸다면 다른 관점에서 다시 시작해야 한다. 왜냐하면 자신이 연구하는 인물의 본질을 파악하지 못하고 있기 때문이다. 아직 과학자처럼 사고하고 행동하지 못하고 있는 것이다"라고 말했다. 그 사람의 감정에 도달하기 위해서 연기자들이 흔히 하는 메소드(method) 연기법이라는 것이 있다. 배우와 등장인물 간에 일체화되기 위해 배역을 맡은 배우가 해당 배역에 몰입하여 리얼리즘을 추구하는 연기법을 말한다. 천체물리학자 제이콥 셰이엄은 십대 시절, 거지 역할을 맡게 되었다. 그는 몇 주에 걸쳐 하루에도 몇 시간씩 예루살렘의 거리에서 거지들을 따라다니면서 구걸하는 모습, 몸짓, 얼굴표정, 말투, 사고방식을 연구했다. 셰이엄은 이 경험, 즉 감정이입을 통해 얻어진 창조적 통찰을 결코 잊지 못했는데 그로부터 수년이 지나 연극과는 전혀 동떨어진 과학문제에 매달릴 때조차 이때의 경험을 떠올리고는 했다. 그는 물리학 방정식이 연극대본과 정확히 같은 것임을 깨달았고, 이 수식은 에너지, 양, 빛이라는 배우들을 수학적으로 기술된 연기라는 맥락 속에서 연구할 때 필요하다고 생각했다. 상대방의 마음속으로 들어가서 생각을 읽어내고 듣고 싶은 말을 만들어 찾아내야 한다. 듣는 사람의 주의를 끌지 못하는 말은 잔소리일 뿐이다. 우리는 '내 자신'이 아니라 '내가 설득하려는 대상'이 될 때 가장 완벽한 이해가 이루어질 수 있다.

그리고 상대방과 공감을 이루기 위해서 무엇보다 중요한 것은 먼저 상대방과 나는 다르다는 것을 인정하는 것으로부터 출발되어야 한다. 사람들이 서로의 입장을 이해하지 않고 자기 의견을 내세우는 이유는 같은 사물을 보고도 각기 다른 해석을 하기 때문이다. 생김새뿐 아니라 생각이 같은 사람은 단 한 명도 없다. 타고난 자질뿐 아니라, 성장환경, 경험이 모두 다르기 때문이다. 사람들은 모두 다른 방식으로 생각한다. 그러므로 다른 사람을 설득하기 위해서는 상대방의 '다름'을 먼저 인정하고 그 사람의 입장에서 생각해봐야 한다. 설득을 할 때 우리는 상대방이 무엇을 듣고 싶어 하는가에 관계없이 내가 하고 싶은 말을 전달하려고 한다. 상대방이 듣고 싶은 말을 찾아내려면 상대방의 머릿속으로 들어가 그 사람의 입장에서 세상을 바라보아야 한다.

3) 몸짓언어를 읽어라

윌리엄 빌벅은 현대 광고의 아버지라고 불린다. 그는 이렇게 말했다. "효과적인 창조를 위해서는 인간 본성, 즉 어떤 충동이 사람을 움직이는가와 어떤 본능이 사람의 행동을 지배하는가에 대한 통찰이 가장 중요하다. 사람은 말로 자신의 동기가 무엇인지 감출 때가 너무 많다." 사람들은 말할 때 대부분 자신의 동기를 쉽게 드러내지 않는다.

소설가 서머싯 몸(Somerset Maugham)은 "사람을 끊임없이 탐구하는 것은 작가의 필수적인 자세다."라고 했다. 그 말은 사람의 외관뿐 아니라 대화, 행동까지 관찰해야 한다는 뜻이었다. 그는 "간접적으로 전해지는 얘기라도 몇 시간 동안 들어줄 수 있어야 무심결에 새어나오는 중요한 단서를 포착해 낼 수가 있다. 보긴 보되, 겉으로 보이는 것 너머에 있는 것을 봐야 된다. 보이는 것을 보고 판단하는 것이 아니라 어떤 것을 보이게 하는가가 중요하다."

우리나라 영화 『관상』에서 송강호는 마지막 부분에서 이렇게 말한다. "난 사람의 얼굴을 봤을 뿐 시대의 모습을 보지 못했소. 시시각각 변하는 파도만 본 격이지. 바람을 보아야 하는데… 파도를 만드는 건 바람인데 말이오." 파도를 보는 것이 아니라 파도를 만들어 내는 바람을 볼 수 있어야 설득을 할 수가 있다. 그러기 위해서 우리가 상대방과 대화할 때 '말의 내용이 무엇일까?'가 아니라 '그것이 의미하는 바가 무엇일까?'에 착안해야 한다. 사람들은 말할 때 자신의 동기를 숨긴다. 누구를 속이기 위해서가 아니라 자신을 움직이는 무의식의 파도를 인식하고 있지 못할 뿐이다. 설득을 하려면 사람들이 드러내고 있는 행동의 이면에 어떤 이유가 있는지, 그리고 행동 변화를 이끌어 낼 수 있는 보상이 무엇인지 알아야 한다. 누구를 설득하든지 제대로 설득하려면 현재 상대방의 행동 뒤에 숨어 있는 충동의 원인과 무의식의 바람을 읽을 수 있는 통찰이 있어야 한다.

사람들이 어떤 행동을 하는 이유를 알아내려면 그들을 관찰하거나 다른 질문을 던져 그들의 답변을 간단히 분석하면 된다. 상대방이 무엇을 원하는지 직접 물어봐서는 안 된다. 묻고 싶은 질문에 간접적으로 접근하면 사람들이 그렇게 행동하는 이유와 어떻게 하면 행동의 변화를 이끌어 낼 수 있는지 알아낼 수 있다. 내가 설득하려고 대상의 욕구 중 행동을 통해 실현될 수 있는 욕구가 무엇이 있는가? 다른 사람들은 어떻게 생각하는지 물어보라. 상대방에게 내가 제안하는 행동을 하는 사람과 하지 않는 사람을 어떻게 생각하는지를 물어보라. 의식적으로 중요성을 평가해 달라고 하면, 사람들은 가장 합리적으로 보이는 답을 내놓는다. 하지만 사실상 사람들의 선호도를 결정하는 요인은 경험에 따른 요인인 경우가 많다. 공식적인 또는 비공식적인 방법으로 기본적인 연구를 통해 답을 알아내라. 내가 목표로 하는 행동을 이미 하고 있는 사람들을 관찰하고 그들이 행동과 무엇을 연관 짓는지 알아내라. 그리고 그들이 연관 짓는 대상이 내가 설득하려는 대상에게도 동기를 부여할 수 있는지 알아내라. 동기를 부여할 수 있다면 동일한 연관관계를 제시하라. 동기를 부여하지 않는다면, 설득 대상의 욕구와 내가 목표로 하는 행동을 따랐을 때 나타나는 결과가 만나는 지점에서 다른 동기를 찾아라. 그리고 그 동기와 행동 사이의 연관관계를 만들어라. 로저스와 해머스타인(Rodgers & Hammerstein)이 말했듯이 "누가 이유를 말해줄 수 있겠는가? 바보나 이유를 말해준다. 현명한 사람은 묻지 않는다." 상황이 빠른 사람들은 묻지 않는다. 그저 알아낼 뿐이다.[18)]

신경학자 올리버 색스(Oliver Sacks)는 "지속적인, 그러나 무의식적인 감각의 흐름이 우리 몸의 동작 부위에서 나온다. 우리는 자신의 근육을 살피고, 위치나 긴장상태, 움직임을 끊임없이 재조정한다. 그러나 이 과정은 자동적이고 무의식적으로 일어나기 때문에 숨어있는 과정이라고 말할 수 있다"고 했다. 그렇기 때문에 우리가 상대방을 집중해서 관찰한다면 현재 마음상태를 찾아내는 것은 불가능하지 않다.

심리학자 하워드 가드너(Howard Gardner)는 저서 『마음의 틀』에서 "몸은 자신의 지성을 품고 있다"라고 주장하고 있다. 우리의 몸짓에서 의도된 행동과 의도되지 않은 행동, 즉 의식적인 행동과 무의식적인 행동이 동시에 드러난다. 설득을 할 때 집중해야 하는 것이 바로 의도하지 않은 무의식적인 행동, 즉 몸짓언어다. 실제로 우리가 삶을 살아가면서 말보다 몸짓 언어에 의존하는 경우가 많다. 그런 측면에서 보면 몸짓 언어를 이해하고 익히는 것은 설득에 있어서 대단히 중요한 요소다. 상대방의 마음을 읽으면 먼저 상대방의 마음을 열 수 있다. 상대방이 처한 입장과 상황을 이해하지 않고서는 결코 설득에 성공할 수가 없다. 상대방이 무엇을 원하는지를 모른다면 어디서부터 상대방을 파악하여야 될지 결정을 내릴 수가 없다. 그러므로 상대방의 마음을 열어 진정으로 원하는 것이 무엇인지를 파악하여야 한다. 파악을 했다면 상

18) 제임스 크리민스, 앞의 책, 192-210쪽에서 발췌.

대방의 마음을 쉽게 열 수가 있다.

조 내버로(Joe Navarro)는 『행동의 심리학』[19]에서 몸짓으로 사람들의 마음을 읽기 위한 7가지 방법을 다음과 같이 제시했다.

① 보지 말고 관찰하라

관찰은 몸짓언어를 이해하고자 하는 사람이면 누구나 갖추어야 할 기본적인 자세다. 주의 깊은 관찰은 몸짓 언어를 이해하는 데 대단히 중요하다. 그런데 문제는 대부분의 사람이 눈으로 보긴 해도 제대로 못 본다는 데 있다. 소설 속의 탐정 셜록 홈즈가 파트너인 왓슨 박사에게 "자네는 보긴 봐. 하지만 관찰하지는 않아"라고 지적한 것처럼, 안타깝게도 사람들은 대개 관찰하지 않고 그냥 본다. 한 실험에서 학생들에게 비디오테이프를 보여주며 둥글게 서있는 사람들이 서로 공을 주고받는 횟수를 세어보라고 주문했다. 도중에 고릴라로 분장한 사람이 뛰어들어 장난을 쳤지만 학생들의 절반 이상은 고릴라의 존재를 알아차리지 못했다. 무엇보다 중요한 점은 관찰을 습관화하는 것이다. 관찰은 근육과 같아서 사용하면 강해지고 사용하지 않으면 퇴화한다. 자신의 관찰 근육을 사용하라. 그러면 세상을 더욱 잘 간파할 수 있다.

② 본능이 드러나는 불변의 몸짓 언어를 기억하라

사람들은 대개 유사하고 보편적인 신체언어를 보여준다. 예를 들어, 입술이 보이지 않을 정도로 입을 굳게 다무는 것은 어떤 어려움을 당했을 때 나타내는 분명한 신호이다. 그리고 나를 좋아하는 사람을 보았을 때는 눈썹이 올라가거나 또는 아치 모양이 된다. 반면, 별로 우호적이지 않은 사람이 나타났을 때는 곁눈질만 한다. 곁눈질, 눈 감기, 눈 가리기 등의 행위는 보고 싶지 않은 이미지를 보는 것으로부터 뇌를 보호하기 위해서 나타나는 상대방을 무시한다는 행동들이다.

---

19) 조 내버로·마빈 칼린스, 박정길 옮김(2010). FBI 행동의 심리학. 웅진씽크빅, pp. 25-34 참조.

③ 특별한 상황에서 나타나는 행동들을 파악하라

보편적인 신체언어는 모든 사람에게서 비슷하게 나타난다. 그러나 유형은 개인마다 차이가 있다. 특이신호를 알아내려면 설득 대상자들의 행동 패턴을 지켜볼 필요가 있다. 영화 '007 카지노 로얄'이나 우리나라 영화 '타짜'에서 보듯이 상대방을 심리상태를 관찰하여 배팅하는 장면들은 바로 개인의 특별한 상황에서의 패턴을 읽어서 활용하는 것이다. 그래서 상대방에게 내 속마음을 들키지 않도록 무표정하게 있는 얼굴을 포커페이스라고 한다. 개인별로 차이는 있겠지만 머리를 긁적이거나, 입술을 깨물거나, 눈을 자주 깜짝이거나, 목을 만지거나, 머리에 손을 대거나, 볼 풍선을 만들거나, 주먹을 쥐거나 하는 행동들은 상대방이 스트레스를 받고 있거나 초조하다는 것을 나타내는 행동들이다.

④ 평상시 모습을 기억하라

자주 접하는 사람들의 평소 행동을 알기 위해서는 그들의 일반적인 표정, 앉는 자세, 손과 발의 위치, 머리 기울임 등을 관찰하고 평소 지갑 같은 소지품을 어디에 두는지 주의할 필요가 있다. 그리고 평소 얼굴과 스트레스 받은 얼굴을 식별할 수 있어야 한다. 누군가와 만날 때, 관계가 시작되는 그 시점에서부터 그 사람의 기준행동을 알아차리기 위해 노력해야 한다. 다른 사람의 기준행동을 정하는 것은 매우 중요하고 유익한 일인데, 그가 기준행동에서 벗어났을 때의 상태를 파악해 주기 때문이다. 사람의 마음을 정확하게 읽는 능력은 몸짓언어와 관련된 행동을 관찰할 때 향상된다. 이러한 신호는 퍼즐 조각들처럼 작동한다. 조각을 많이 가질수록 그것을 맞춰 전체 그림을 정확하게 볼 가능성이 높아진다.

⑤ 갑작스러운 행동의 변화에 주목하라

갑작스러운 행동의 변화는 그 사람이 정보를 어떻게 처리하는지, 또는 감정적인 일에 어떻게 반응하고 있는지를 드러낸다. 놀이공원에 간다는 기대로 잔뜩 들떠있던 아이는 그 공원의 문이 닫혔다는 사실을 알게 되면 즉시 행동이 바뀐다. 어른들도 마찬가지다. 나쁜 소식을 듣거나 상처를 주는 상황에 직면하면 몸은 즉각 반응한다.

행동의 변화는 그 사람의 관심이나 의도를 드러내기도 한다. 그런 변화를 주의 깊게 관찰하면 어떤 일이 발생하기 전에 미리 알 수 있다. 특히 예상되는 일이 자신이나 다른 사람에게 해를 끼칠 수 있는 경우라면 사전에 대응할 수 있다.

⑥ 편안한 상태와 불편한 상태를 구분하라

몸짓언어에서 관찰하고 집중해야 할 두 가지 원칙이 있는데, 바로 편안함과 불편함이다. 다른 사람의 행동에서 편안함과 불편함의 단서를 익히면, 그들의 몸과 마음이 무엇을 말하는지 정확히 해석하는 데 큰 도움이 된다. 만약 어떤 행동이 무엇을 의미하는지 구분하기 어렵다면 우선 편안한 행동으로 보이는지, 불편한 행동으로 보이는지를 파악하라. 관찰된 행동은 편안함과 불편함 중 하나에 속할 것이다. 예를 들어, 팔짱 끼기와 다리를 꼬는 것, 비스듬한 자세로 앉는 자세들은 상대방을 경계하고, 무시하거나 불편하다는 태도다.

⑦ 당신이 관찰하는 것을 상대가 모르게 하라

상대방의 행동에서 어떤 단서를 잡으려면 사람들을 주의 깊게 관찰하고 그들의 행동을 정확하게 해석해야 한다. 특히 다른 사람을 관찰할 때는 자신의 의도가 드러나지 않도록 주의해야 한다. 경험이 없는 사람들은 상대방의 눈을 뚫어져라 바라보는 경향이 있는데, 이런 자세는 바람직하지 않다. 상대방이 당신의 의도를 눈치 챌 경우 자신의 의도를 숨기려 할 것이다. 이상적인 방법은 상대방이 모르게 그들을 관찰하는 것이다. 이러한 관찰 기술에 숙달되도록 노력하면 눈에 띄지 않게 다른 사람을 관찰할 수가 있다. 이것은 오직 연습과 끈기의 문제다.

4. 근거를 제시하라

설득을 하는 데 있어서 대부분의 사람들은 설득은 상대방을 이성적인 논리로 납득시키면 설득이 된다고 일반적으로 생각해 왔다. 그러나 아리스토텔레스가 강조한 것처럼 설득하는 데 비율은 10%밖에 되지 않는다. 앞에서도 말한 바와 같이 우리의 뇌에서 무의식이 대부분의 결정을 담당하기 때문에 논리적 주장으로 의식적인 뇌에 호소해 봐야 쉽지가 않다는 것을 알았을 것이다. 그러나 설득 비율이 10%밖에 안 된다고 해서 중요한 것이 아니라는 뜻이 아니다. 믿음(에토스), 감정(파토스)을 바탕으로 상대방을 설득하는 과정에서 쐐기를 박는 효과는 논리(로고스)가 담당한다. 왜냐하면 로고스, 즉 이성은 내용의 옳고 그름을 판단하게 해주기 때문이다. 그러므로 논리적으로 설득시키는 방법은 어떤 사실적 근거를 바탕으로 상대방이 아직 모르는 사실에 대하여 '아마 이럴 것이다'라고 생각하게 만드는 것이다. 한마디로 '이것은 이와 같은 근거가 있고 그러니까 이럴 것이다'라고 주장하는 것들이다. 여기에는 논리적인 근거를 제시하는 '왜냐하면'이라는 기법도 있고, 다른 사람들도 대부분 그렇다는 사회적 증거들, 즉 사례들을 제시하는 것이다. 로고스는 듣는 사람을 논리적으로 설복시키는 것을 말한다. 논리는 말 자체에 자기 완결성을 가진다. 말 자체가 타당하게 들리면 듣는 사람은 말하는 사람의 논리를 따라갈 수밖에 없다. 따라서 논리적인 설득은 합리적인 설득이라고 할 수 있다.

1) 납득의 단계에서 시작해야 한다

상대를 설득하는 데는 조건이 있다. 무작정 자기주장만 펼쳐서 상대를 굴복시키는 방법으로는 상대를 설득시킬 수 없다. 그러므로 상대방에게 믿음을 주고 감정을 파악하여 내 생각을 수용하게 해야 한다. 특히 상대방을 설득하기 위해서는 무엇보다 먼저 상대방의 납득이 선행되어야 한다. 납득하게 만들기 위해서는 먼저 상식을 이용해서 이야기를 전개해 나가야 한다. 그러면 '상식'이라는 것은 무엇일까? 아리스토텔레스의 말에 의하면 '사전에 납득을 끝낸 사항'을 의미한다. 『수사학』에서는 '통념', '일반적인 생각' 등으로 쓰이고 있다. 상식이란, '그것은 당연한 것으로서 이미 모두가 이해하고 있는 사항'이다. 어떤 사람과 대화를 하든 중요한 것은 '상대와 상식을 공유하는 것'이다. 아무도 납득하지 못하는 '진실'이나 '사례'를 근거로 논리적으로 이야기를 한들 그것은 의미가 없다. 상대방이 그 자체에 납득하지 않기 때문이다. 그러므로 설득에서 원칙이나, 법칙, 진리, 진실 등은 일반인이 대부분 가지고 있는 '상식'에 비해 중요하지가 않다. 그러므로 상식선에서 출발해야 한다. 예를 들어, 돼지고기를 많이 먹으면 지방성분이 많아 살이 찐다는 것은 우리가 가지는 일반 상식이다. 그런데 다이어트를 하는 상대 여자에게 "돼지고기는 칼로리가 낮으니 괜찮아요"라는 논리로 설득을 시도하려고 해봐야 소용이 없을 것이다. 이는 일반인들의 생각하는 '상식'에 맞지 않기 때문이다. 만일 그 상식을 깨트리고 그녀를 설득하려면 "이 돼지고기 요리는 특별한 방법으로 지방이 빠지도록 요리를 했으며, 이 요리에는 지방을 분해시키는 특별한 효소가 많이 들어가 있기 때문에 많이 먹어도 살이 찌지 않는다. 그리고 이 요리는 영화배우 ○○○도 자주 먹는 요리이다. 봐라. 그녀는 날씬하지 않느냐?"라고 근거들을 제시해서 설득해야 한다. 따라서 설득할 때는 상대방도 '상식이라고 생각하고 있는가', '내가 말하고 있는 말에 납득하고 있는가'라는 점을 수시로 확인하여야 한다.

아리스토텔레스는 '상식'에 대해 다음과 말했다. "모든 사람에게 혹은 대다수의 사람에게 그렇다고 생각되는 것, 혹은 현자들이 그렇게 생각하는 것이다. 이때 현자들이 생각하는 경우 모든 현자가, 혹은 대다수의 현자나 가장 저명하고 평판이 좋은 현자들이 그렇게 생각하는 경우가 그러하다." 이 상식의 정의에서 올바른 것, 진리라는 말이 없다. 즉, 상식의 본질이란 모두에게 그렇다고 생각되고 있는 사실로서, 그 내용이 바른지 아닌지는 상관이 없다는 점이다.[20] 그러므로 논리적인 설득이란 상대의 상식과 이해를 바탕으로 출발되어야 한다. 상식을 통한 납득이 이루어져야 설득의 단계로 나갈 수가 있기 때문이다. 결국 설득이란 납득의 반복된 결과물이다.

일반적으로 우리는 상대방과 대화할 때 사전에 서로 알고 있는 정보는 생략하는 방식에 익숙해져 있다. 그래서 별 다른 노력 없이 쉽게 대화가 가능하다. 회식에 갔는데 친구가 술을 권하면 "차를 끌고 왔어" 라고 말한다. "아니야, 나 술 안 마실래. 운전해야 하는데 술을 마시면 안전 운전할 수 있는 능력이 떨어질 것 같거든. 그리고 술을 두 잔만 마셔도 내 혈중농도 수치가 0.05%가 되기 때문에 가다가 경찰에게 걸리면 나는 음주운전으로 면허정지가 될 거야. 그래서 안 마실 거야" 이렇게 말하지는 않는다. 이미 알고 있는 상식은 생략되는 것이다. 이 말을 전부 한다면 '미친 놈'이라고 할 것이다. 내가 가르치려 한다고 생각할 수 있다. 메시지에 이미 알고 있는 이야기를 하면 상대방을 무시한다는 기분이 들어 기분이 상하고 잔소리로 듣게 된다. 너무 많은 내용을 담으면 모욕감을 느끼게 되고, 상대방을 설득할 기회를 잃게 된다. 반대로 내용을 너무 적게 담으면 이해할 수 없는 메시지가 된다. 적절한 밸런스를 찾으면 내가 자신을 이해한다고 느끼고 수용적이 된다. 듣는 사람이 이미 이해하는 내용은 생략하라. 듣는 사람이 참여할 수 있게 하라. 상대방이 스스로 퍼즐을 완성하고 결론을 내리도록 하라. 스스로 얻어낸 메시지는 어느 누구가 말하는 메시지보다도 설득력이 강하다.

내가 말하는 말들이 모두 진실이라고 생각해서는 안 된다. 진실이나 정답은 언제든 변할 수 있고 하나가 아니라는 관점을 가져야 한다. 플라톤은 영원히 변하지 않는 것만이 정말로 존재하는 것이고, 이에 대한 지식만이 진리라고 확신했다. 그리고 변하지 않는 것이 무엇인지 찾아봤다. 그리고 마침내 알게 되었다. 그가 '온토스 온(ontos on)', 즉 '정말로 있는(really real)'이라는 수

20) 다카하시 겐타로, 양혜윤 옮김(2016). 지지 않는 대화. 라이스메이커, pp. 33-35 참고.

식어를 붙이는 그것은 세상에 없다는 것을, '모든 사물은 끊임없이 변한다(panta rei)'의 말이 옳다는 것을. 그러니 세상에 있는 사물에 대한 지식 중에는 진리가 없다는 것을 말하고 있다. 아리스토텔레스는 『형이상학』에서 진리에 대해 다음과 같이 말한다. "'참'이나 '거짓'이 될 수 있는 것은 사물이나 사실이 아니고 우리의 사고(思考)다." 즉, 진리란 우리의 생각에 의해서 언제든지 바뀔 수 있다는 것이다. 상대방의 얘기가 틀린 것이 아니라 틀렸다고 생각하기 때문에 그런 것이다. 그러므로 상대방이 하는 얘기도 다 이유가 있으며 논리가 있다. 그런 관점에서 상대방을 이해해야 하며, 그 후에 자신의 의견이 이렇기 때문에 '더 바람직하다'라고 설득해야 한다. 이것이 논리적으로 설득하는 방법이다. 협상이나 갈등을 조정하는 자리에서 상대방의 주장이나 의견을 제대로 이해하지도 못하고, '나는 이 의견에는 무조건 반대합니다', '절대 용납이 안 됩니다'라고 주장하는 것은 설득에 전혀 도움이 되지 않는다.

2) '왜냐하면'을 활용하라

하버드 대학교 랭거(Langer) 교수는 다른 사람의 양보를 주제로 실험했다. 방법은 간단하다. 도서관에서 복사하기 위해 줄을 서서 기다리는 사람들을 상대로 늦게 온 사람이 앞사람에게 양보해 달라고 부탁하는 실험을 했다. 랭거 교수는 실험 대상자에게 두 가지 상황을 제시했다. 첫 번째는 "죄송합니다. 제가 먼저 하면 안 될까요? 왜냐하면, 아주 바쁜 일이 있거든요."라고 이유를 설명하게 했고, 두 번째는 이유를 빼고 "죄송합니다. 제가 먼저 하면 안 될까요?" 라고만 말하게 했다. 첫 번째는 94%라는 높은 수치로 양보를 받았지만, 두 번째는 60%의 비율로 전보다 낮게 상대에게 양보를 받을 수 있었다. 이유가 있는 사람한테는 많은 사람이 선뜻 자기 차례를 내준다는 것을 실험으로 밝혀낸 것이다. 랭거 교수는 재미있는 실험을 한 가지 더 했다.

"죄송합니다. 제가 먼저 하면 안 될까요? 왜냐하면 지금 복사를 해야 하거든요."라고 엉터리 질문을 했다. 어디가 엉터리냐고? 지금 복사를 해야 하는 건 상대도 마찬가지다. 그런데 놀랍게도 이렇게 얘기하자 93%의 많은 사람이 자기 순서를 양보했다고 한다. 처음과 큰 차이가 없다. 이 실험을 통해 사람들이 '왜냐하면'이라는 말 자체에 더 영향을 받는다는 걸 알아냈다. 이유가 옳고 그름을 떠나, 사람들은 '이유가 있다는 것' 자체를 중요하게 여긴다는 것이다. '왜냐하면'이라는 말은 사실의 옳고 그름에 관계없이 앞에서 말한 내용을 근거로 하여 결론을 이끌어 내는 형식을 갖추었기 때문에 설득력이 있는 것이다. 이미 결론까지 내놓은 사실을 반박하기는 쉽지가 않다. 앞에서 '바쁜 일' 때문에 복사기 사용의 우선권을 달라는데 그 '바쁜 일'이 아니라는 것을 증명해 내기가 쉽지 않기 때문이다. 그러므로 다른 사람의 설득을 받고 싶다면 상대방에게 이유를 밝혀야 한다.

3) '다른 사람들도 이미'라고 설득한다

인간은 믿음과 마음을 원하는 동시에 사실과 진리를 원한다. 그렇기에 확실한 증거와 사례만큼 효과적인 설득 방법도 없다. 우리는 습관적으로 "증거를 대봐"라고 말한다. 증거와 사실은 그 어떠한 수사학적 전략도 뛰어넘는 힘을 가지고 있다. 우리는 사회적 증거가 제공하는 여러 정보를 따르기만 하면 우리에게 주어진 상황을 스스로 고통스럽게 분석하지 않더라도 아무런 어려움 없이 수많은 결정을 내릴 수가 있다. 다른 사람의 경험한 증거는 우리의 선택에 영향을 미친다. 이는 진화를 통해서 축적된 인류의 무의식 때문이다. 다른 동물들과 마찬가지로 인간도 다른 사람의 행동을 따라한다. 우리 뇌의 자동 시스템인 무의식은 다른 사람들의 선호도를 바탕으로 결정을 내린다. 그리고 이미 내린 선택에 대한 만족감까지도 영향을 미친다. 사회학자들은 인간이 서로를 따라 하도록 미리 프로그래밍되어 있다고 이야기한다. 사회적 인식은 적절한 사회적 행동으로 이어진다. 누군가 웃으면 따라 웃고, TV 드라마에서 슬픈 장면에서 누가 울면 따라 울고, 하품을 하면 하품을 하게 된다. 의식적으로 따라 하려고 해서 그러는 것이 아니다. 주변에 있는 사람들을 행동을 보고 아무 생각 없이 따라서 하는 것이다. 대형 포털사이트 뉴스 섹션, 페이스 북, 유투브 등 인터넷상에서의 댓글이나 조회수는 여론을 보여주고, 또 여론 형성에도 막대한 영향을 끼치고 굉장한 설득력을 갖기 때문에 조작도 자주 일어난다. 방송국에서 코미디 프로그램이나 토크쇼에서도 청중들에게 과잉반응을 요구하고 가짜웃음을 들려주는 이유도, 시청자들이 더 재미있어 하며 시청률을 높이는 데 더 효과적이라는 것을 알기 때문이다.

학자들은 우리가 선택하려고 할 때 다른 사람의 선호도를 기준으로 삼기 때문에 사회적 영향력이 생긴다고 믿는다. 어떤 물체의 가치를 정할 때 내가 부여하는 가치와 다른 사람이 부여하는 가치를 고려한다는 것이다. 다른 사람들이 하는 대로 하게 되면 실수할 확률이 줄게 된다. 왜냐하면 다수의 사람들이 이미 선택한 것이기 때문에 이미 검증된 것이라고 인정하기 때문이다. 사회학자들은 이를 편승효과(便乘效果) 또는 밴드왜건 효과(bandwagon effect)라고 한다. 어떤 선택이 대중적으로 유행하고 있다는 정보로 인하여, 그 선택에 더욱 힘을 실어주게 되는 효과를 말한다. 선거에서 우세해 보이는 사람을 지지하는 현상이나, 어떤 상품이 유행함에 따라 그 상품의 소비가 촉진되는 현상이라고 할 수 있다. 밴드왜건은 퍼레이드 행렬의 가장 앞에 위치하는 악대 차량으로, 영어로 '밴드왜건을 탄다는 것'은 곧 시류를 편승한다는 의미이다. 소비자의 구매를 부추기기 위해 편승효과를 적용하는 사례로 가장 대표적인 것이 바로 홈쇼핑이다. 홈쇼핑 채널을 돌려보면 맨날 하는 소리가 '마지막 세일', '마지막 기회', '오늘만을 위한 특별 판매' 등등 소비자를 유혹하는 문구들이다. 이는 소비자의 충동구매를 불러일으키는 마케팅이다.

참고문헌

강길호(2003). 대인커뮤니케이션의 연구동향과 과제, 언론과 정보, 8(1), 부산대학교언론정보연구소

강영진(2001). 갈등분쟁 해결 매뉴얼. 서울 : 성공회대학교출판부.

강진령(2018). 상담연습-치료적 의사소통 기술. 서울 : 학지사.

고선미 외(2017). 의사소통 액션북-경청과 의사표현. 경기 : 공동체.

구영록(1975). 갈등과 국제정치 : 갈등이론의 연구. 국제정치논총, 15, 7-38.

국립국어원(2015). 2015년 국어정책 통계 연감.

국무조정실(2013). 공공기관의 갈등관리 매뉴얼.

권석만(2009). 인간관계 심리학. 서울 : 학지사.

김강민 외(2018). 갈등관리와 협상. 경기 : 노스보스

김 용(2008). 학교교육 관련 분쟁에 관한 대안적 분쟁 해결 제도의 현황과 과제. 한국초등도덕교육학회 학술발표자료.

김경배(2001). 조정합의 성립의 결정요인에 관한 실증적 연구. 경희대학교 대학원 박사학위논문.

______(2005). 한국 대체적 분쟁해결제도(ADR)의 제도화 및 발전방안에 관한 연구. 산업경제연구, 18(1). 251-274.

김두열(2014). 갈등관리. 경기 : 공동체.

김도윤(2009). 심의민주주의의 가능성과 한계 : 광주 북구와 울산 동구의 주민참여 예산제도를 통한 성찰, 한국사회학회 사회학대학 논문집, 1147-1159.

김도희(2013). 공공정책갈등의 제3자 중재개입의 역할과 한계 : 울주군 청사 이전 갈등사례를 중심으로, 지방정부연구, 17(1). 31-54.

김미라(2007). 자원봉사자의 활동요인이 참여태도에 미치는 영향과 갈등수준의 조절효과. 경기대학교 대학원 박사학위논문.

김미라 외(2018). 사회복지사이야기 3. 경기 : 싸이엔북스.

김영욱(2008). 위험 위기 그리고 커뮤니케이션. 서울 : 이화여자대학교출판부.

김영욱・임유진(2010). 언론-소스 간 갈등해소와 '조정'기능 강화 장치로서 언론중재제도 연구. 한국언론학보, 54(1), 182-204.

김용섭(2004). 행정법상 분쟁해결수단으로서의 조정. 저스티스, 37(5), 5-39.

김준한(1996). 행정부와 대체적 분쟁해결제도. 한국행정학보, 30(4), 37-53.

김희곤(2008). 행정사건과 ADR. **법학연구**, 26, 61-115.
나태준(2004). 갈등해결의 제도적 접근 : 현행 갈등 관련 제도분석 및 대안. 서울행정연구원.
다카하시 겐타로 저, 양혜윤 옮김(2016). **지지 않는 대화**. 서울 : 라이스메이커.
데일 카네기 저, 강성복・정택진 옮김(2011). **데일 카네기의 인간관계론**. 서울 : 리베르.
로버트 치알리니 저, 이형우 옮김(2008). **설득의 심리학**. 서울 : 21세기북스.
로저 피셔・윌리엄 유리 저, 박영환 옮김(1994). **Yes를 이끌어내는 협상법**. 서울 : 장락.
롤프 도벨리 저, 두행숙 옮김(2016). **스마트한 생각들**. 경기 : 웅진씽크빅.
리처드 탈러・캐스 선스타인 저, 안진환 옮김(2009). **넛지 : 똑똑한 선택을 이끄는 힘**. 서울 : 웅진씽크빅.
마이론 러쉬(1986). **성서적 경영방법**. 서울 : 생명의 말씀사.
박부수(1987). 조직 갈등의 원인과 관리방안에 관한 실증적 연구. 중앙대학교 대학원 박사학위논문.
박연경 외(2017). **인간관계와 의사소통**. 경기 : 양서원.
박원우(1998). **임파워먼트 실천 매뉴얼**. 서울 : 시그마컨설팅그룹.
박정호(2015). 갈등 과정에서의 의사소통의 유형화에 관한 연구. KIPA연구보고서 2015-28, 한국행정연구원.
박태순(2010). **갈등해결 길라잡이**. 서울 : 해피스토리.
박철규(2016). **대체적 분쟁해결 총론**. 서울 : 오래.
보건복지부(2011), **의사소통의 실제**. 서울 : 보건복지부.
사법정책연구원(2016). 한국형 대체적 분쟁 해결(ADR)제도의 발전 방향에 관한 연구. 대법원 사법정책연구원연구총서 2016-4.
서울특별시(2018). 갈등관리 매뉴얼.
서판수(2002). 의사의 커뮤니케이션 스타일이 환자만족에 미치는 영향에 관한 연구 : **병원경영학회지**, 7(4).
설진화(2016). **사회복지실천기술론**. 서울 : 양성원.
신군재(2013). **갈등관리와 협상**. 서울 : 무역경영사.
신은희(2016). **감성코칭**. 고양 : 좋은땅.
심리학 용어사전(2014). 한국심리학회.
아담 그랜트 저, 윤재준 역(2013). *GIVE and TAKE*. 서울 : 생각연구소.
안순철・최장섭(2003). 대안적 분쟁해결(ADR)의 이론과 실제 : 미국의 경험과 한국사회에의 적용. **분쟁해결연구**, 1(1), 5-38.
알프레드 아들러 저, 홍혜경 옮김(2016). **아들러의 인간이해**. 서울 : 을유문화사.
언론중재위원회 교육본부 연구팀(2014). **조정을 위한 설득과 수사의 자료**. 서울 : 언론중재위원회.
엄명용 외(2017). **사회복지실천기술의 이해**. 서울 : 학지사.

오미영(2013). 커뮤니케이션. 서울 : 커뮤니케이션북스.

오석홍(1982). 조직이론. 서울 : 박영사.

원창희(2012). 갈등관리의 이해. 서울 : 한국문화사.

______(2016). 협상조정의 이해. 서울 : 한국문화사.

유병현(2009). 미국의 소송대체분쟁해결제도(ADR)의 현황과 그 도입방안. 민사소송, 13(1), 490-524.

유정아(2009). 유정아의 서울대 말하기 강의. 경기 : 문학동네.

윤종설 · 주용환(2014). 공공갈등 문제 해소를 위한 민주적 갈등관리의 효과와 한계 : 시화호 개발 사례와 호남선 고속철도 사례를 중심으로. 지방정부연구, 18(1). 565-593.

이달곤(2005). 협상론. 서울 : 법문사.

이민규(2005). 끌리는 사람은 1%가 다르다. 서울 : 더난출판.

이성록(2005). 자원봉사 매니지먼트. 서울 : 미디어숲.

______(2005). 자원봉사 어드바이저 : 자원봉사 상담가(Advisor) 길잡이. 서울 : 미디어숲.

______(2007). (비영리민간조직) 갈등관리론. 서울 : 미디어숲.

이창덕(2006). 한국 가족의 의사소통 문제와 개선 방안, 화법연구. 분쟁해결연구, 6(1). 113-133.

임동진(2010). 중앙정부의 공공갈등관리 실태 분석 및 효과적인 갈등관리방안 연구. 한국행정연구원.

______(2012). 대안적 갈등해결방식(ADR) 제도의 운영실태 및 개선방안 연구. 한국행정연구원.

장동운(2009). 갈등관리와 협상기술. 서울 : 무역경영사.

전무경 · 김정환 · 한권희 · 남궁일성(2006). 조직 내 갈등이 조직 구성원 직무대도에 미치는 영향에 관한 연구. 대한경영학회, 19(1), 159-180.

제임스 크리민스 저, 정수진 옮김(2017). 도마뱀을 설득하라. 서울 : 한빛비즈.

조 내버로 · 마빈 칼린스 저, 박정길 옮김(2010). FBI 행동의 심리학. 서울 : 웅진씽크빅.

조홍건(1991). 스트레스병과 火病의 한방치료. 서울 : 열린책들.

지속가능발전위원회(2005). 공공갈등관리의 이론과 기법 上. 서울 : 논형.

________________(2005). 공공갈등관리의 이론과 기법 下. 서울 : 논형.

차배근(1991). 커뮤니케이션학개론. 서울 : 세영사

채완병(2008). 건설분쟁과 중재 – 대체적 분쟁해결제도. 건설감리 3, 4월호.

최성두(2009). 원자력발전소 주변지역 지원정책의 문제점과 발전방향 모색 : 고리원전 지역을 중심으로. 지방정부연구, 13(3). 223-244.

최승필(2009). 행정법상 재판외 분쟁해결제도(ADR)에 대한 고찰 : 조정제도를 중심으로. 공법학연구, 11(1), 325-354.

칙센트 미하이 저, 심현식 옮김(2014). **몰입의 경영**. 서울 : 황금가지.

표도태(2002). 조직 내 갈등의 효율적 관리방안에 관한 연구. 호서대학교 산업경영벤처대학원 석사학위논문.

하승희 편저(2018). **서비스 경영자격**. 서울 : 케듀아이.

한국산업인력공단(2018). **직업기초능력 의사소통능력 학습자용 매뉴얼**. 서울 : 한국산업인력공단.

한국심리검사연구소(2003). **MBTI 개발과 활용**. 서울 : 한국심리검사연구소.

한국심리학회(2014). 심리학 용어사전.

한태영(2013). 갈등관리에 대한 직무탈진의 영향. **조직과 인사관리 연구**, 37(2), 76-103.

함영주(2010). **분쟁해결 방법론**. 서울 : 진원사.

홍성만・최흥석(2008). 송・변전시설 건설을 둘러싼 위험인식과 갈등관리 모색. **분쟁해결 연구**, 6(1).

EBS제작팀・김종명(2009). **설득의 비밀**. 경기 : 쿠폰북.

Blake, R., & Mouton, J. S.(1964). *The Managerial Grid*. Gulf : Houston, TX.

Bowers, M. H.(1980). Grievance Mediation : Another Route to Resolution. *Personnel Journal, 59*, 132-139.

Carnevale, D. G.(1993). Root Dynamics of Alternative Dispute Resolution : An Illustrative Case in the U. S. Postal Service. *Public Administration Review, 53*(5), 455-461.

Davis, B. D., & Netzley, M.(2001). Alternative Dispute Resolution : A Business and Communication Strategy. *Business Communication Quarterly, 64*(4), 83-89.

De Dreu, C. K. W., Evers, A., Beersma, B., Kluwer, E. S., & Nauta, A.(2001). A theory-based measure of conflict management strategies in the workplace. *Journal of Organizational Behavior, 22*, 645-668.

Edward T. Hall(1959). The silent language, Doubleday Anchor Books.

Ekman, P.(1971). Universals and cultural differences in the facial expression of emotion. In J. Cole(ED.), *Nebraska Symposium on Motivation*(Vol.19, pp. 207-284). Lincoln : University of Nebraska Press.

Ellis, A.(1996). *My Psychotherapy of Psychotherapy*. New York : Albert Ellis Institute for Rational Emotive Behavior Therapy.

Evans, D. R.(1998). *Essential Interviewing : A Programmed Approach to Effective Communication* (5th ed.). Pacific Grove, CA : Brooks/ Cole. 성숙진 역(2000). **상담의 필수기술 : 효과적인 의사소통을 위한 사례중심접근법**. 서울 : 나남출판.

Fink, C. F.(1968). Some Conceptual Difficulties in the Theory of Social Conflict. *Journal of Conflict Resolution, 12*, 412-460.

Follett, M. P.(1940). Constructive conflict. In H. C. Metcalf & L. Urwick(Eds.), *Dynamic Administration : The Collected Papers of Mary Parker Follett*(pp. 30-49). New York : Harper(Original work published 1926).

Gambrill, E.(1997). *Social Work Practice : A Critical Tbinker's Guide*. New York : Oxford University Press.

Goldberg, S. B.(1989). Grievance Mediation : A Successful Alternative to Labor Arbitration. *Negotiation Journal, 5*, 9-15.

Hogg, M. A. & Reid, S. A.(2006) Social Identity, Self-Categorization, and the Communication of Group Norms. *Communication Theory, 16*. 7-30.

Kadushin, A.(1990). *The Social Work Interview*(3rd ed.). New York : Columbia University Press.

Laswell, H.(1948). The structure and function of communication in society. In Lyman Bryson(Ed), *The Communication of Ideas* pp. 37-51. NY : New York, Harper&Row.

Lange. A., & Jakubowski, P.(1976). *Responsible Assertive Behavior*. Champaign, IL : Research Press.

Lazarus, A.(1971). *Behavior Therapy and Beyond*. New York : McGraw-Hill.

Lopukas A. Mistelis(2001). ADR in England and Wales, 12 Am, Rev. Int'l Arb. 167, p. 211.

phillips, E.(1978). *The Social Skills Basis of Psychopathology*. New York : Grune & Stratton.

Rahim, M. A., & Bonoma, T. V.(1979). Managing organizational conflict A model for diagnosis and intervention. *Psychological Reports, 44*, 1323-1344.

Robbins, S. P.(1998). *Organizationnal Behavior*(8th ed.). Englewood Cliffs, NJ : Prentice-Hall.

Roseblatt, S. B., Cheatham , T. R. & Watt, J. T.(1982) *Communication in Business*(2nd edition). Englewood Cliffs, New Jersey : Prentice Hall.

Schramm, W.(1971). *The Nature of Communication Between humans*. Urbana : Univ. of Illinois press.

Sheafor, B. W., Horejsi, C. R., & Horejsi, G. A.(1997). *Techniqes and Guidelines fir Social Work Practice*(4th ed.). New York : Allyn & Bacon. 서울대사회복지실천연구회 역(1998). 사회복지실천 기법과 지침. 서울 : 나남출판.

Shulman, L.(1984). *The Skills of Helping : Individual and Groups*(2nd ed.). Itasca, Il : F. E. Peacock publisher.

Stivers, C.(1988). Parent-Adolescent Communication and Its Relationship to Adolescent Depression and Suicide Proneness. *Adolescence, 23*. 291-295

Spreitzer, G. M.,(1995). Psychological Empowerment in the Workplace. *Academy of Management Journal*, *38*(5), 1442-1465.

Thomas, K. W.(1976). Conflict and conflict management. In Dunnette, M. D.(Ed.), *Handbook of Indus-trial and Organizational Psychology*(pp. 889-935). Chicago : Rand McNally.

______(1992). Conflict and negotiation processes in organizations. In M. D. Dunnette &L. M. Hough(Eds.), *Handbook of Industrial and Organizational Psychology*(pp. 651-717). Palo Alto, CA : Consulting Psychologists Press.

______(1992). Conflict and conlfict management : Reflections and update. *Journal of Organizational Behavior, 13*, 265-274.

Tjosvold, D.(1991). *Team Organization : an Enduring Competitive Advantage*. Chichester, England : Wiley.

______(1998). Cooperative and competitive goal approach to conflict : accomplishments and challenges. *Applied Psychology : An International Review, 47*, 285-342.

Thomas, K. W., & Kilmann, R. H.(1974). *The Thomas-Kilmann Conflict Mode Instrument*. Mountain View, CA : CPP, Inc.

Wade, N. L.(1987). Suicide as a Resolution of Separation-Individuation among Adolescent Girls. *Adolescence*, *22*. 169-177.

네이버 간호학대사전.

네이버 지식백과 협상 전략 [Negotiation Strategy, 協商戰略] (국방과학기술용어사전, 2011, 국방기술품질원).

네이버 두산백과.

네이버 시사상식사전.

네이버 심리학 용어사전 네이버 위키백과.

대한상사중재원 홈페이지. http://www.kcab.or.kr

NCS 학습모듈. www.ncs.go.kr

Disc : 모바일 플레이스토어 다운.

EQ 테스트. eqtest.kr

찾아보기

인명

내용

저/자/약/력

■ 김미라

경기대학교 대학원에서 사회복지학박사를 취득하고, 2008년 한국갈등관리연구소를 설립하여 운영하고 있으며, 부설기관으로 키움심리상담센터, 키움봉사회를 이끌고 있다. 인천재능대학교·삼육보건대학교 겸임교수를 역임하였으며, 현재는 한양대학교 공공정책대학원·아주대학교 경영대학원 겸임교수로 출강하고 있고, 한국전력·해양경찰청·서울시·공군본부·기상청·방송통신위원회의 갈등관리전문가, 그리고 한국갈등학회 상임이사로 활동하고 있다.

■ 박성우

원광대학교 대학원에서 철학박사를 취득하고, 국립방재교육연구원, 국가민방위재난안전교육원에서 교수로 재직하였으며, 호서대학교, 남서울대학교, 백석대학교에서 겸임교수를 역임하고, 현재는 한국갈등관리연구소 부대표로 재직하면서 한전갈등관리전문가로 활동하고 있다.

■ 민준기

연세대학교 정치외교학과를 졸업하고 31년간 공직생활을 하면서 다수의 갈등관리 현장을 경험하였다. 국방부 미군기지이전사업단 특보를 역임하는 등 현장경험을 토대로 경남대학교 대학원에서 정치학박사 학위를 취득하였으며, 현재는 세종연구소 연구위원으로 재직하면서 한국갈등관리연구소 교육위원 및 한전갈등관리전문가 등으로 활동하고 있다.

■ 최희순

대구대학교와 동대학원에서 사회복지를 전공하고, 사회복지사이자 교육전문가로 활동 중이다. 현재 장애인 HR Solution 전문기업인 ㈜브이드림 교육센터장, 교육공동체 휴너지 대표, 휴너지코칭센터 대표, 한국장애인직업능력개발협회 사무총장, 한국갈등관리연구소 대구지부장 및 한전갈등관리전문가로 활동하고 있다.

■ 손혜신

대구대학교 대학원에서 사회복지학석사와 숙명여자대학교 대학원에서 교육학석사 학위를 취득하고, 대경대학교 사회복지과 학과장으로 재직하였다. 현재는 교육부 학교폭력 분쟁조정 위원과 한국갈등관리연구소 교육위원 및 한전갈등관리전문가로 활동하고 있다.

갈등관리 이론과 실제

|공저자| 김미라 · 박성우 · 민준기
최희순 · 손혜신

|1판 1쇄| 발행 2020년 3월 5일
|1판 2쇄| 발행 2022년 9월 30일

|발행인| 김동훈
|발행처| 공동체

|주소| 경기도 고양시 일산동구 호수로 358-39, 동문타워 1차 905호(백석동)
|전화| 031) 814-3000(대표)
|팩스| 031) 814-3100
|홈페이지| http://www.compub.co.kr
|전자우편| compub@naver.com

|출판등록| 2005년 10월 6일
|등록번호| 제396-2005-36호

|ISBN| 979-11-6105-582-4
정가 14,000원